Sociologia da fotografia e da imagem

Proibida a reprodução total ou parcial em qualquer mídia
sem a autorização escrita da editora.
Os infratores estão sujeitos às penas da lei.

A Editora não é responsável pelo conteúdo deste livro.
O Autor conhece os fatos narrados, pelos quais é responsável,
assim como se responsabiliza pelos juízos emitidos.

Consulte nosso catálogo completo e últimos lançamentos em **www.editoracontexto.com.br**.

José de Souza Martins

Sociologia da fotografia e da imagem

Copyright © 2008 José de Souza Martins

Todos os direitos desta edição reservados à
Editora Contexto (Editora Pinsky Ltda.)

Foto de capa
"Operário em construção", José de Souza Martins, 2001

Montagem de capa
Gustavo S. Vilas Boas

Diagramação
Gapp Design

Preparação de textos
Daniela Marini Iwamoto

Revisão
Lilian Aquino

Dados Internacionais de Catalogação na Publicação (CIP)
(Câmara Brasileira do Livro, SP, Brasil)

Martins, José de Souza
Sociologia da fotografia e da imagem / José de Souza Martins. –
2. ed., 6ª reimpressão. – São Paulo : Contexto, 2024.

Bibliografia.
ISBN 978-85-7244-033-2

1. História social   2. Imagem – Aspectos sociais   3. Retratos –
Aspectos sociais   I. Título.

08-07603	CDD-945

Índices para catálogo sistemático:
1. Sociologia da fotografia e da imagem : História social 945

2024

EDITORA CONTEXTO
Diretor editorial: *Jaime Pinsky*

Rua Dr. José Elias, 520 – Alto da Lapa
05083-030 – São Paulo – SP
PABX: (11) 3832 5838
contato@editoracontexto.com.br
www.editoracontexto.com.br

Para

Etienne Samain,
Paulo Menezes
e Sylvia Caiuby Novaes,

imaginários

Sumário

Introdução 9

1
A fotografia e a vida cotidiana: ocultações e revelações 33

2
A imagem incomum: a fotografia dos atos de fé no Brasil................ 63

3
Impressões de visita a uma
exposição de Sebastião Salgado....................................... 97

4
Carandiru: a presença do ausente (ensaio fotográfico) 109

5
Mestre Vitalino: a arte popular no imaginário conformista 139

6
O impressionismo na fotografia e a Sociologia da imagem.............. 149

Anexo...175

O autor...207

Introdução

A Sociologia e a Antropologia têm cultivado a esperança de que a fotografia (e também o filme e o vídeo) possa ser utilizada como fonte e registro factual de informações de trato sociológico (e antropológico) sobre a realidade social.[1] Uma fonte que documentasse o que os instrumentos usuais e já tradicionais de pesquisa não documentam ou documentam insuficientemente, uma novidade mágica na revelação de dimensões novas e inesperadas da realidade social.[2] Se, por um lado, essas ciências têm sido cautelosas e desenvolveram técnicas de pesquisa, até refinadas, para filtrar o que é estranho à suposta pureza do objeto, sobretudo a invasão da subjetividade do pesquisador na formulação e na investigação de seu tema de pesquisa, por outro, relativamente pouco conseguiram fazer em relação à imagem e ao registro de imagens numa sociedade

---

[1] Um artigo denso e bem fundamentado sobre os usos da fotografia pela Sociologia é o de Douglas Harper e Robin Lenman, "Sociology and Photography", *in* Robin Lenman (ed.), *The Oxford Companion to the Photograph*, Oxford Universiy Press, New York, 2005, p. 588-589.

[2] Embora só nas últimas décadas a fotografia tenha ingressado no campo da Sociologia como recurso documental de legitimidade própria, já em tempos anteriores era utilizada intuitivamente para ilustrar artigos e livros sociológicos. Stasz constatou que, de 1896 a 1916, 31 artigos publicados no *American Journal of Sociology* usaram 244 fotografias. Assinala que E. Shanas publicou, em 1945, um artigo sobre os primeiros cinqüenta anos dessa revista e não fez a menor menção ao fato. "Sua omissão reflete a visão que prevalece entre os sociólogos [...] de que os dados visuais não têm um papel importante na compreensão da sociedade." Cf. Clarice Stasz, "The early history of visual sociology", *in* Jon Wagner (ed.), *Images of Information (Still Photography in the Social Sciences)*, Sage Publications, Beverly Hills/London, 1979, p. 119-136, esp. 120.

que se tornou visual antes de tudo.[3] O "ver para crer", de antigas concepções populares, tornou-se quase um pressuposto de certas orientações investigativas e interpretativas.[4]

Na progressiva relevância da Sociologia fenomenológica e da temporalidade curta em relação à Sociologia preferentemente voltada para estruturas sociais e processos históricos, da temporalidade longa, o visual se torna cada vez mais documento e instrumento indispensáveis na leitura sociológica dos fatos e dos fenômenos sociais. Não só como documento em si, mas também como registro que perturba as certezas formais, oriundas do cientificismo que domina a Sociologia desde o seu nascimento. Desde o nascimento, desafiada pela riqueza de características próprias da realidade social, que recomenda cautela quanto à adoção de modelos e parâmetros de ciências mais antigas e mais formalizadas, como a biologia e a matemática. Sem contar que há, até mesmo, quem acredite que um sociólogo (ou um antropólogo) possa fazer imagens propriamente sociológicas, que já contenham em si mesmas a descrição e a explicação do que foi fotografado ou filmado. Uma polarização em relação aos que entendem que a imagem pode ser apenas ilustração do discurso sociológico (ou histórico, ou antropológico) verbal ou escrito. O campo, porém, da reflexão sociológica sobre a fotografia e a imagem nem se situa num desses pólos nem no outro.

Portanto, indicações de que a entrada da imagem no universo da Sociologia e da Antropologia abre um amplo terreno de indagações, dúvidas e

---

[3] Um dos pioneiros da Antropologia Visual, John Collier Jr., já nos anos 1950 mapeava a divisão de opiniões dos cientistas sociais em relação ao uso da fotografia. Cf. John Collier Jr., "Photography in Anthropology: a report on two experiments", *in American Anthropologist*, v. 59, American Anthropological Association, 1957, p. 843-859. Ainda nos anos 1970, os pesquisadores se debatiam com as dúvidas sobre conteúdos da imagem fotográfica que, indo além do meramente factual e documental, do modelo das ciências naturais, permitissem abranger, também, o campo dos significados e, portanto, a área difusa da fotografia como referência de conhecimento, e não apenas como fonte factual. Cf. Allan Sekula, "On the invention of photographic meaning", *in Artforum*, v. 13, n. 5, janeiro de 1975, p. 36-45; Jay Ruby, "In a pic's eye: interpretive strategies for deriving significance and meaning from photographs", *in Afterimage*, v. 14, n. 3, 1976, p. 5-7.

[4] Os dilemas da Antropologia em relação à fotografia e seu uso antropológico estão analisados em Etienne Samain, "No fundo dos olhos: os futuros visuais da antropologia", *in Cadernos de Antropologia e Imagem*, n. 6, Núcleo de Antropologia e Imagem, Universidade do Estado do Rio de Janeiro, Rio de Janeiro, 1998, p. 141-158.

experimentos que tanto enriquecem o conhecimento produzido por essas ciências quanto alargam a consciência das limitações que têm as técnicas de investigação conhecidas e consagradas ou a consciência de sua importância relativa.[5] Como enriquecem as próprias concepções do fotógrafo e do documentarista, se tivermos em conta que a composição fotográfica é também uma construção imaginária, expressão e momento do ato de conhecer a sociedade com recursos e horizontes próprios e peculiares. Os chamados fotógrafos e documentaristas sociais são hoje produtores de conhecimento social, o que torna a fotografia e o documentário, praticamente, um campo auxiliar das ciências sociais.

Em particular na Sociologia, a imagem, sobretudo a fotografia, por ser flagrante, revelou as insuficiências da palavra como documento da consciência social e como matéria-prima do conhecimento. Mas, nessa dialética, revelou suas próprias insuficiências. É nos resíduos sociológicos desse peneiramento que está a imensa riqueza da informação visual e que estão os desafios da fotografia às ciências sociais. Tomar a imagem fotográfica como documento social em termos absolutos envolve as mesmas dificuldades que há quando se toma a palavra falada, o depoimento, a entrevista, em termos absolutos, como referência sociológica, que são as dificuldades de sua insuficiência e de suas limitações.

Quando Oscar Lewis realizou suas famosas pesquisas sobre famílias mexicanas, no campo e na cidade, ricas e pobres, sobretudo pobres, que o levariam a formular a noção de cultura da pobreza, aparentemente não filmou as situações observadas. Mas valeu-se de um imaginário fotográfico, utilizando-se de informantes de dentro das próprias famílias para ter gravações sonoras e descrições intimistas e visuais das situações pesquisadas. Recortou a intensidade dramática do cotidiano como tempo social da sua observação, que é um tempo impregnado de visualidade. Embora não lhe tivesse sido possível utilizar técnicas de laboratório para estudo de pequenos

---

[5]   Num texto clássico da Sociologia Visual, Becker sistematiza dúvidas sobre a verdade da fotografia e sugere que as mesmas dúvidas podem ser levantadas em relação a outras formas de documentação utilizadas pelas ciências sociais, a começar pelo depoimento verbal. A fala também segue um roteiro, do mesmo modo que a composição fotográfica segue uma intenção. Cf. Howard Becker, "Do photographs tell the truth?", *in Afterimage*, v. 5, Visual Studies Workshop, Rochester, N.Y., fevereiro de 1978, p. 9-13.

grupos, como microfones embutidos e espelhos de visão unilateral, sua técnica de estudo de caso deu-lhe "uma visão de câmera cinematográfica dos movimentos, conversações e interações ocorridos em cada família durante um dia".[6] Essa visualidade imaginária foi traduzida nos belos desenhos de Alberto Beltrán que ilustram vários livros de Lewis. Embora não haja indicações a respeito, é muito provável que Beltrán tenha trabalhado em cima de fotografias feitas por Lewis ou alguém de sua equipe.

Uma das primeiras dúvidas levantadas em relação à objetividade de sua obra decorreu do fato de que ele nunca aparece como personagem nas descrições intensamente visuais que faz. Como se ele fosse um fotógrafo escondido atrás de sua câmera. Embora se trate de observação participante, sua participação não tem visibilidade em sua etnografia e esse é o grande mistério de sua pesquisa e da de outros pesquisadores que seguiram a mesma orientação. Lewis, de certo modo, reconheceu na prática a inevitabilidade de uma etnografia das minúcias cotidianas da vida social, do que acontece nos momentos das relações sociais em que não há visibilidade pública, os momentos de sombras e silêncios. Mas se, presumivelmente, foi ousado na pesquisa, foi tímido e omisso na exposição e análise de sua não convencional maneira de pesquisar. Maquiou com o formato da distância e da objetividade neutra a apresentação dos resultados de uma investigação intimista e invasiva, que ele entendia ser requisito para conhecer as minúcias dos processos interativos que vinham a constituir a base social de referência e vitalidade do que definiu como cultura da pobreza.

A pesquisa não tem que ser necessariamente invasiva, mas não há pesquisa sociológica nem antropológica sem interação entre o pesquisador e as populações que estuda e às quais recorre para obter de viva voz respostas, depoimentos e narrativas. Mesmo quando o pesquisador utiliza materiais de terceiros, como fizeram os três pilares teóricos da Sociologia – Durkheim, Weber e Marx – que se valeram de relatos e relatórios, depoimentos, testemunhos e memórias de quem tivera contato direto com o narrado. Esse é o material pré-sociológico ou pré-antropológico, o pré-conhecimento, enfim, mas conhecimento, que fundamenta a análise e a interpretação do sociólogo

---

[6] Cf. Oscar Lewis, *Five Families. Mexican Case Studies in the Culture of Poverty*, Mentor Book, New York e Toronto, 1965, p. 19.

(e do antropólogo). Até porque tais informações não vêm desprovidas de uma interpretação própria, ainda que interpretação de senso comum. Os sociólogos arrecadam sua principal matéria-prima num diálogo de conhecimentos, na conversação indagativa entre o conhecimento sociológico e o conhecimento de senso comum, entre o pesquisador e os sujeitos dos enigmas sociais que pedem ou comportam desvendamento científico.

O depoimento sobre fatos ocorridos com uma pessoa ou um grupo já vem emoldurado no que se chama de racionalização, no tornar coerente o que poderia ser tomado pelo ouvinte como incoerência. Nesse tornar coerente o que coerente não parece, no tornar inteligível para o ouvinte o que ele não poderia compreender nos termos próprios de quem narra, o narrador não só informa, mas informa interpretando. É essa interpretação indissociável dos fatos narrados que oferece ao exame do sociólogo, como matéria-prima de sua Sociologia, uma modalidade de conhecimento que lhe pede, pois, que seja ela, antes de tudo, e também, sociologia do conhecimento de senso comum.[7]

As análises, de várias correntes da Sociologia, têm como material não a realidade, *strictu sensu*, mas a interpretação da realidade pelo homem simples, a interpretação que torna sua vida possível e inteligível. Quando as pessoas dão uma entrevista ou um depoimento a um pesquisador, sociólogo, antropólogo, historiador ou psicólogo, relatam fatos, interpretando-os. O que os cientistas analisam e interpretam é a interpretação que esse homem comum faz dos processos interativos que vive, no confronto com as referências estruturais e mesmo históricas que revelam e iluminam o que é propriamente e objetivamente social e, no mais das vezes, não está ao alcance de sua compreensão.[8] A interferência inter-

---

[7] A sociologia de Alfred Schutz abre o caminho para uma sociologia do senso comum, que teve sua sistematização em Peter L. Berger e Thomas Luckmann, *The Social Construction of Reality. A treatise in the sociology of knowledge,* Anchor Books, New York, 1967. Cf., também, José de Souza Martins, *A Sociabilidade do Homem Simples*, 2. ed., revista e ampliada, Editora Contexto, São Paulo, 2008.

[8] O reconhecimento da fotografia como documento social e sociológico veio acompanhado da consciência de que a fotografia tem as limitações da visão socialmente situada do fotógrafo e da invisibilidade de várias dimensões da realidade social. Assim como os sociólogos reconheceram ocultações que pediam o desenvolvimento de técnicas de pesquisa que permitissem nelas penetrar, os fotógrafos sociais têm desenvolvido técnicas para obter imagens daquilo que é invisível

pretativa do pesquisador se dá no desvendamento das conexões entre o visível e o invisível, entre o que chega à consciência e o que se oculta na alienação própria da vida social.

Além do que, o pesquisador não só obtém e produz conhecimento, mas ao entrar na realidade investigada interage e, ao interagir, altera necessariamente o conhecimento de senso comum referencial das populações estudadas. A informação que obtém está necessariamente contaminada por sua presença. Um segundo pesquisador, tempos depois, obteria sobre os mesmos temas de entrevista e conversação, com as mesmas pessoas, informações provavelmente alteradas pelo diálogo havido pelo entrevistado com um primeiro pesquisador. O pesquisador, profissionalmente devotado ao trabalho de campo, pode reconhecer, com relativa facilidade, no depoimento que recolhe, a infiltração de idéias e até "conceitos" originados de intervenções anteriores, no postiço de certas formulações.

Do mesmo modo que, comumente, o fotografado, especialmente se fotografado por um estranho, apruma-se, faz pose ou até se veste "apropriadamente" para posar. Para que a fotografia como registro visual de sua pessoa, ainda que corresponda ao que é, não venha a ser um documento do que nem sempre quer ser. Sobretudo, o uso de um equipamento de identificação, como o chama Goffman, que é o vestuário (e é a maquiagem) específico e diverso do equipamento cotidiano, para ser fotografado, expressa uma consciência de que a fotografia é interação e reciprocidade com o fotógrafo e com quem mais vier a vê-la num marco extracotidiano. O retrato do início do século XX é, como sublinha Peter Burke, "um processo no qual o artista e o modelo geralmente se faziam cúmplices".[9] Portanto, esse cuidado na apresentação pessoal do fotografado é também uma racionalização vestimental com o objetivo de fazer-se entender pelo "leitor" da fotografia e preventivamente evitar que a vestimenta própria de um certo

---

ao olhar dominante. Esther Cohen usou o recurso de entregar cem câmeras a pessoas que trabalhavam em ocupações "invisíveis", geralmente imigrantes pobres, para que documentassem suas vidas. Obteve milhares de fotografias de situações sociais ocultas ao olhar dos fotógrafos e às indagações dos sociólogos. Cf. Chris Hedges, "Pictures of working life, taking by working hands", *in The New York Times*, 24 abr. 2003.

[9] Peter Burke, *Testemunha Ocular. História e Imagem*, trad. de Vera Maria Xavier dos Santos, revisão técnica de Daniel Aarão Reis Filho, Edusc – Editora da Universidade do Sagrado Coração, Bauru, 2004, p. 32.

código de decoro induza a leitura da foto segundo uma pauta de entendimento que entre em conflito com aquilo que o fotografado entende ser como pessoa e quer dar a ver.

Não obstante, o vestuário usado como disfarce e maquiagem, como instrumento da ficção da identidade e da auto-imagem, pode fazer mais revelações sociológicas do que a fotografia invasiva do sociólogo que flagra desprevenidos seus sujeitos de referência. John Berger, numa primorosa análise comparativa de fotografias de grupos de pessoas de condições sociais distintas entre si, demora-se sobre uma famosa fotografia de August Sander, de três jovens camponeses alemães em trajes domingueiros [*Figura 1*]. A situação de classe dos três jovens se torna evidente porque "seus ternos os deformam", como se os corpos fossem defeituosos. O desencontro visual entre o traje (e o restante do equipamento de identificação) e o corpo constitui um verdadeiro depoimento sobre classe social e o imaginário de classe.[10]

Aquelas prevenções populares, por outro lado, põem o sociólogo, que trabalha com imagens, diante de uma ignorada cultura popular da imagem. No meu modo de ver, essa cultura popular da imagem sugere, justamente, ao se considerar a fotografia ou como objeto de conhecimento sociológico ou como seu instrumento, que não fiquemos limitados à polarização de um debate dos sociólogos, divididos entre os que consideram que a fotografia é evidência e os que a consideram construção.[11] Ao sociólogo da imagem é indispensável ter em conta que o próprio fotografado, em muitas circunstâncias, é um poderoso coadjuvante do ato fotográfico e que, portanto, o real é a forma objetiva de como a ficção subjetiva do fotografado interfere na composição e no dar-se a ver para a concretização do ato fotográfico.

Além do que, a cultura popular da imagem é uma cultura que considera lícita a transformação de certos momentos da vida e certas situações em imagem fotográfica e que considera que outros momentos e situações devem ser

---

[10] Cf. John Berger, *About Looking*, Vintage International, New York, 1991, p. 31-40.

[11] Rugg abre seu livro sobre biografias visuais ou autobiografias fotográficas, como ela prefere defini-las, propondo-o na intersecção desses dois pólos, o que limita sua proposta à indecisão entre realidade e ficção, sem considerar que sendo o real, isto é, o social constituído de seres humanos, dotados de subjetividade, a fotografia é ao mesmo tempo evidência e construção (do fotógrafo) e evidência da construção (do fotografado). Cf. Linda Haverty Rugg, *Picturing Ourselves. Photography and Autobiography*, The University of Chicago Press, Chicago e London, 1997, p. 1.

interditados à invasão e à visão do fotógrafo e dos bisbilhoteiros em geral. Permissões e interdições à fotografia acompanham os cuidados, até rituais, em relação ao olho e ao olhar na vida cotidiana. Na roça, o quarto do casal ou camarinha, como o chamam em algumas regiões, é interditado ao olhar masculino, menos ao do marido e pai de família. Tanto que é cômodo sem janela ou de janela permanentemente fechada. Às mulheres, é interditado ao olhar das suspeitas de portadoras de mau-olhado. Como nas relações sociais familiares e comunitárias seria falta de respeito e de consideração colocar alguém sob suspeita e não admitir a visita feminina de parente real ou simbólico, objetos de interdição do olhar sem interditar a pessoa são usados, especialmente nos casos de parto recente e nascimento de criança: as figas, as fitas vermelhas, as muralhas simbólicas de contenção do olhar invasivo e perigoso.

O sociólogo (e o antropólogo) que não observa essas regras, esses temores e essas proibições, tanto no ver quanto no fotografar, não só invade, mas também violenta o corpo coletivo invisível e, portanto, social, que nessas interdições se manifesta. E o faz, no geral, sem conhecer e dominar o código de visualidade dos fotografados. Ele pode obter a informação visual que procura, em função dos pressupostos teóricos de sua pesquisa, mas obterá um dado mutilado e desprovido da informação cultural que o situa e explica se não observar as regras de acesso a situações e espaços sociais. Sobretudo se desconhecer a cultura visual e do olhar das populações que visita e estuda. Convém ter presente, sempre, que na sociedade tudo é regulamentado, mesmo aquilo que não parece sê-lo.

O *"paparazzo"* invasor, ou aquele que pratica o "voyeurismo" fotográfico, pode considerar um triunfo fotografar alguém que tenta, legitimamente, se proteger contra esse tipo de violência visual. Mas, de fato, terá fotografado na pessoa do outro o que é, imaginariamente, sua própria pessoa, o seu ego num corpo alheio. Numa análise sociológica, essa fotografia é documento sobre a mentalidade do fotógrafo, e não, fundamentalmente, documento sobre a pessoa fotografada.

A corrente de estudo sociológico do visual proposta e concretizada por Pierre Bourdieu, e equipe, percorre outro caminho.[12] Foge do risco da in-

---

[12] Cf. Pierre Bourdieu *et al., Un Art Moyen. Essai sur les usages sociaux de la photographie*, 2. ed., Les Éditions de Minuit, Paris, 1965.

vasão ao limitar o objeto da pesquisa visual à fotografia já existente. Correta e prudentemente, interessa-se pelas determinações sociais do uso da fotografia popular e vernacular. Para eles, o conteúdo sociológico da fotografia desse tipo está no modo de fotografar que diferencia classes ou categorias sociais, como a classe média e os camponeses, que usam distintas concepções de imagem nos retratos e fotografias que fazem, os camponeses preferindo fotos frontais em momentos de ritos demarcatórios da vida comunal e familiar.[13] Interessaram-se por aquela fotografia feita por membros, em princípio, não invasivos dos grupos que se deixam fotografar. Assinalam o que há de estranho na fotografia, na estranheza com que a ela reagem determinados grupos sociais, mesmo na sociedade moderna. Interessaram-se pela fotografia ingênua, geralmente sem qualidade, desprovida de cuidados técnicos e intenções artísticas, a que se guarda nos álbuns pessoais e de família, em caixas de sapatos e gavetas, para ocasionalmente rememorar momentos excepcionais da vida em grupo ou lembrar de pessoas.

Bourdieu ressalta um dos aspectos fundamentais do advento da fotografia em sociabilidades camponesas e tradicionais. Antes de ser instrumento e anúncio do moderno e da modernidade, ela é assimilada como peça de afirmação e veículo dos valores, normas e instituições tradicionais e costumeiros, seja agregando-se aos significados próprios do rito matrimonial, por exemplo, seja incorporada como objeto de troca de dons. Funciona como sociograma vernacular, que documenta as relações e as posições sociais, como descrição visual de proximidades e distâncias sociais, de presença ou ausência na imagem.[14] Para essas populações, a fotografia não é anunciadora explícita de um novo modo de ver, mas, antes, documenta a força social da velha visualidade pré-moderna, incorporada como corpo estranho e excepcional às relações sociais estabelecidas.

É a fotografia, portanto, nesse caso, tomada pelo sociólogo em seus usos pessoais e sociais, pelo homem cotidiano e comum, como documen-

---

[13] Enrico Fulchignoni, seguindo o método de Bourdieu, fez observações semelhantes na União Soviética e confirmou o padrão diferencial da pesquisa feita na França. Cf. Enrico Fulchignoni, "Sociology of the photographic image", *in The New Hungarian Quarterly*, v. X, n. 33, primavera de 1969, p. 160-168.

[14] Cf. Pierre Bourdieu e Marie-Claire Bourdieu, "O camponês e a fotografia", trad. Helena Pinto e José Madureira Pinto, *in Revista de Sociologia e Política*, n. 26, Curitiba, junho de 2006.

to de sociabilidade, como expressão da diversidade de mentalidades e de perspectivas que se refletem na composição fotográfica e que expressam a vivência e a experiência diferencial numa estrutura de classes sociais. Trata-se da fotografia utilizada pelo sociólogo numa perspectiva muito próxima de como o historiador utiliza os documentos escritos, depositados nos arquivos, depurada do invasivo que seria a fotografia feita propositalmente com intenção documental pelo sociólogo.

Esse conhecimento popular, não raro desqualificado pela Sociologia clássica e por algumas correntes sociológicas que a sucederam, é o que engloba e situa o visual e, sobretudo, a fotografia no âmbito propriamente social. É, portanto, no terreno da ficção social e cotidiana, do conhecimento que da fotografia tem o seu usuário, o que usa a fotografia como instrumento de auto-identificação e de conhecimento de sua visualidade na sociedade em que vive, que se pode encontrar o material de referência para uma Sociologia da fotografia e da imagem no que se interpreta, e não simples e mecanicamente no que se vê. Nesse sentido é impensável uma Sociologia que tenha a imagem como objeto e referência, mas que não dialogue criticamente com o imaginário sociológico que prevaleceu e prevalece na definição dos temas e problemas dessa ciência.

Um dos pressupostos do estudo da anomia, por Émile Durkheim, é o de que o homem comum, diferentemente dos sociólogos, seria uma vítima impotente de sua incapacidade para fazer interpretações "corretas" de sua situação, aquelas que os sociólogos podem fazer. A teoria durkheimiana da anomia, de que a sociedade mergulha em estados anômicos quando não surgem as regras de uma normalidade que conciliaria, funcionalmente, a consciência social e seu substrato factual, deve ser compreendida à luz da persistência patológica de regras sociais relativas a um estado social já superado.[15] Justamente aí, Durkheim está falando da necessidade e da vi-

---

[15] Em Durkheim, há uma relação de face e contraface quanto ao emprego das noções de patológico e anômico, que se referem, respectivamente, à norma do passado que persiste em desacordo com novas condições de existência e à norma inexistente relativa a essas novas condições sociais de existência. Esses processos sociais desencontrados se dão no âmbito das representações sociais, como fenômenos mentais. Cf. Émile Durkheim, *As Regras do Método Sociológico*, trad. Maria Isaura Pereira de Queiroz, 2. ed., Companhia Editora Nacional, São Paulo, 1960, p. 58 e XVII-XX; Émile Durkheim, *De la Division du Travail Social*, 7. ed., Presses Universitaires de France, Paris, 1960, p. 343 e ss.

talidade do que hoje chamamos de imaginário. "Equivocado" ou não, o imaginário reveste de sentido o que sentido tem e o que não tem, e é o que permite a cada um de nós viver e sobreviver socialmente.

Karl Marx também trata do assunto quando faz a bem conhecida referência ao que distingue um inábil trabalhador da mais hábil das abelhas: esse trabalhador pensa, ele reflete sobre o seu trabalho, ele imagina, isto é, ele antecipa imaginativamente o processo e o resultado de seu trabalho.[16] No ensaio sobre trabalho e alienação, ele demonstra claramente que no estranhamento que separa o homem de sua obra e que se consubstancia num conhecimento alienado de si mesmo, como pessoa e como sociedade, esse conhecimento é também mediação historicamente necessária na constituição do humano e na construção da humanidade do homem.

Sua referência à música e ao ouvido poderia ter sido facilmente estendida por ele mesmo à fotografia, como desdobramento de sua referência à humanização do olho, ele que foi objeto de atos fotográficos que propiciaram a elaboração posterior de uma das mais interessantes e pioneiras biografias visuais.[17] Para ele, é a música que faz o ouvido e a audição, é a mediação do produto humano que educa o ouvido, é na mediação de sua obra refinada que o homem se refina.[18] A audição é uma construção social,

---

[16] "Uma aranha executa operações parecidas com as manipulações do tecelão e a construção dos favos das abelhas poderia envergonhar, por sua perfeição, mais de um mestre de obras. Mas há algo em que o pior mestre de obras leva vantagem sobre a melhor abelha e é o fato de que, antes de executar a construção, a projeta em seu cérebro." Cf. Carlos Marx, *El Capital. Crítica de la Economía Política*, v. I, trad. Wenceslao Roces, 2. ed., Fondo de Cultura Económica, México, 1959, p. 130.

[17] Cf. Renato Zangheri *et al.*, *Karl Marx. Biografia per Immagini*, Editori Riuniti, Roma, 1983. Nesse livro, os organizadores escolheram gravuras e fotografias dos cenários em que Karl Marx estudou ou viveu, retratos de pessoas com as quais conviveu ou manteve diálogo epistolar, e fotografias de família. Todas as imagens são acompanhadas de legendas. Trata-se de uma montagem panorâmica regida pelas evidências documentais relativas à vida de Marx. Uma biografia visual, portanto, em que a imagem fotográfica praticamente nada acrescenta ao que já está escrito sobre Marx, pois é usada como ilustração, e não como documento do que a fotografia poderia dizer que não foi dito por outras fontes. No entanto, é possível reler essa biografia visual e descobrir nas imagens um Marx vitoriano e conservador, o que, aliás, confirma evidências contidas sobretudo em suas cartas.

[18] "[...] tomando as coisas subjetivamente: é em primeiro lugar a música que desperta o sentido musical do homem [...]". Cf. Karl Marx, *Manuscrits de 1844*, trad. Émile Bottigelli, Éditions Sociales, Paris, 1962, p. 93.

poderíamos dizer numa outra perspectiva sociológica. Ele poderia ter dito que a imagem, em cada época, educa a visão e os olhos. Portanto, que a imagem produzida pelo homem, segundo diferentes concepções e estilos, diz ao homem, em cada época, quem o homem é.[19]

É evidente que há aquelas situações em que o homem comum não tem condição de maquiar-se ou de maquiar o cenário do seu protagonismo visual. E isso também diz o que somos. São, particularmente, aquelas situações de ruptura da vida cotidiana, de interrupção das condições sociais da encenação, da perda de controle sobre o cenário e os atores. É o caso da guerra e das revoluções,[20] que, na sua dimensão trágica, oferecem ao pesquisador um ângulo de observação sociológica comparativa em relação aos ângulos costumeiros de calmaria, rotina e repetição, que constituem a cômoda fortaleza da pesquisa convencional. Sobretudo na fotografia como documento da invasão da vida cotidiana e repetitiva pelos instrumentos, gestos, cenas e cenários da morte e da ruptura violentas, nas composições fotográficas que fazem do desencontro e do insólito os fatores do *punctum* da consciência visual que a fotografia viabiliza e difunde.[21]

É evidente que, não obstante essas questões puramente técnicas no uso da fotografia pela Sociologia, há ainda, e sobretudo, outra questão propriamente

---

[19] Nem por isso deixou Marx de fazer uma referência fundamental ao tema: "O olho se tornou olho *humano* do mesmo modo que seu *objeto* se tornou um objeto social, *humano*, vindo do homem e destinado ao homem." Karl Marx, op. cit., p. 92.

[20] As limitações e as possibilidades da fotografia como documento sociológico da situação de conflito ficam evidentes no livro organizado por Michael Löwy (org.), *Révolutions*, Éditions Hazan, Paris, 2000. Como assinalam os autores, a fotografia estréia como meio de registro das revoluções na mesma revolução em que a classe trabalhadora estréia como protagonista da ação revolucionária, a Comuna de Paris, em 1871. A imagem fotográfica surpreende contrastes visuais, junções de diferentes e opostos. Com razão, Gilbert Achcar (p. 20) destaca a fotografia feita na esquina da rua e do bulevar Ménilmontant (p. 40-41), com numerosos soldados encenando combate e triunfo sobre a barricada de macadames, tendo no fundo, na parede de uma grande loja, em grandes letras, esfumaçadas pela distância, este anúncio, "Aos trabalhadores, novidades". As muitas fotografias desse livro sugerem, no meu modo de ver, que em tempos recuados o fotógrafo de rua, ainda que em circunstância oposta à do fotógrafo de estúdio, trazia, e ainda traz, um imaginário de estúdio para a rua, para dar sentido aos fotografados e ao que é fotografado, nos elementos de contraste ou de ironia, os decodificadores da imagem.

[21] Esse recurso fotográfico aparece reiteradamente nas fotografias de diferentes fotógrafos reunidas e analisadas em Colin Westerbeck e Joel Meyerowitz, *Bystander. A History of Street Photography*, Little, Brown and Company, Boston, 1994.

sociológica nessas situações e na relação do fotógrafo e do sociólogo com elas: a dor e o sofrimento dos outros e o quanto esses recursos de conhecimento são competentes para registrá-los na sua complicada verdade.[22] Situações sem disfarces nem maquiagem, em que a condição humana fica cruamente exposta.

Numa coleção de fotos populares da Londres do século XIX é possível notar outra característica do recurso ao contrapontístico no ato fotográfico, que é uma certa preferência ou pelo bizarro nas ruas movimentadas ou pelos quintais e fundos de casas em relação às fachadas, a exibição fotográfica das pessoas no cenário impróprio à ostentação, o oposto do estúdio.[23] E numa linha radicalmente diversa de expressão visual da consciência social e política do fotógrafo, que explora de outro modo contrastes e contradições na composição fotográfica, para traduzir em imagens as contradições sociais e políticas, há a obra do fotojornalista Ubirajara Dettmar.[24]

Mesmo aí, na fotografia dessas situações, muito se perde. Ainda que cada vez mais a perda da concepção da excepcionalidade do diferente e até do esdrúxulo nos habitue com os desconstrutores contrapontísticos da fotografia e do filme. Até a guerra ficou banal, dando lugar ao surgimento do fotógrafo especializado em conflitos mortais, cujas imagens nos colocam como espectadores cotidianos e quase participativos das minúcias cruéis da barbárie.[25] O que faz da fotografia praticamente personagem da guerra, certamente como influente personagem do horror decisivo na criação de uma consciência da paz.[26]

---

[22] Cf. Susan Sontag, *Regarding the Pain of Others*, Penguin Books, London, 2004.

[23] Cf. Gordon Winter, *A Cockney Camera. London's Social History Recorded in Photographs*, Penguin Books, Harmondsworth, 1975.

[24] U. Dettmar, *Ubirajara Dettmar*, Cly e Impres, São Paulo, 1981. Sobre a fotografia de Ubirajara Dettmar, cf. José de Souza Martins, "Imagens que decifram a notícia" (estudo das fotos de *U. Dettmar, Retrospectiva de 14 anos de Fotojornalismo*), *Folha de S. Paulo*, 3 jan. 1982, p. 35; e José de Souza Martins, "O cotidiano desmascarado pelo fotojornalismo", *Fotóptica*, n. 108, São Paulo, 1983, p. 18.

[25] Um excelente documento dessa presença arriscada do fotógrafo em momentos candentes de conflitos, distúrbios civis, demonstrações de rua, revoltas, insurreições e guerras é o livro de Nick Yapp, *Camera in Conflict*, Könemann, Köln, 1996.

[26] É o caso da famosa foto de Ut Nick, ("Children fleeing an American Napalm strike"), feita em 1971, um ano antes do fim da Guerra do Vietnã. É foto de um grupo de crianças correndo em desespero da explosão de uma bomba de Napalm, seguidas por meia dúzia de soldados que caminham indiferentes. A menina nua, que é o *punctum* da foto, estava severamente queimada nas

22 SOCIOLOGIA DA FOTOGRAFIA E DA IMAGEM

Nessa circunstância, o desafio do pesquisador é o de compreender o quase monopólio do imaginário, na fotografia documentado pelo fotógrafo que a fez, os momentos, as circunstâncias, os dias e as horas, o encontro e o desencontro do cronograma da fotografia em relação ao cronograma do conflito violento. As fotografias de guerra sempre suscitam dúvidas quanto à sua autenticidade,[27] justamente por isso, pelo desencontro enorme que há entre a reflexiva e relativamente demorada e necessária calma do ato fotográfico em relação à rapidez e aos riscos mortais das ocorrências, o reinado do acaso que se impõe a fotógrafos e não fotógrafos no momento do primado da incerteza. A fotografia é documento da eternidade e está com ela comprometida, o que faz dos cenários de guerra cenários inverossímeis.

Diferentemente do uso que os historiadores fazem das fotografias, ao sociólogo da imagem fotográfica põe-se o fato adicional de que a fotografia

---

costas, em que havia restos de roupa grudados, segundo testemunhas. Exposta nos Estados Unidos, a foto causou grande impacto e fortaleceu a posição dos pacifistas, que queriam a retirada dos americanos da guerra. Cf. *The Photography Book*, Phaidon Press Limited, London, 2003, p. 468.

[27] Um caso emblemático de questionamento da autenticidade de uma fotografia é o da foto, de Robert Capa, de um miliciano republicano, na Guerra Civil Espanhola, no momento em que é atingido por uma bala das tropas franquistas no Monte Muriano, em 5 de setembro de 1936. Os críticos consideram-na inconvincente e produto de uma encenação. Visitei, no Museu Nacional Reina Sofía, em Madri, em 1999, a exposição das obras de Robert Capa, cedidas por seu irmão. Numa seqüência de fotos, pode-se ver que Capa estava acompanhando e fotografando os milicianos e que o combatente, que seria morto em seguida, aparece várias vezes no meio da tropa. A seqüência não sugere que a foto "The falling soldier", como ficou conhecida, seja uma simulação. No entanto, nas fotos antecedentes, nenhum miliciano está só, como na foto mencionada. É estranho que, nessa foto, o miliciano não esteja no meio de outros soldados. Mas há, também, a possibilidade de que os outros tenham se protegido e que ele morreu porque se expôs. Capa, no afã de fotografar, teria percebido esse risco, o que propõe uma questão ética em relação ao trabalho do fotógrafo: fotografar ou alertar, pois ninguém pode ser neutro numa situação assim. De qualquer modo, é pouco provável que no cenário de um combate haja condições para simulação da morte. A informação exibida pelo Museu, na ocasião, era a de que o miliciano fora identificado, bem como sua localidade de origem, em Alicante, e sua morte confirmada. Se autêntica, a foto de Capa é a rara foto de alguém no exato momento da morte em combate. Sobre as dúvidas e o debate em torno da foto, cf. Robin Lenman, "The falling soldier", *in* Robin Lenman (ed.), op. cit., p. 211-212; cf., também, Ulpiano T. Bezerra de Meneses, "A fotografia como documento. Robert Capa e o miliciano abatido na Espanha: sugestões para um estudo histórico", *in Tempo*, Revista do Departamento de História da Universidade Federal Fluminense, v. 7, n. 14, Rio de Janeiro, janeiro de 2003, p. 131-151. Convém lembrar, em favor da veracidade da foto, que ele repetiu a façanha de acompanhar tropas no meio do fogo cerrado no Dia-D, no desembarque das tropas aliadas na Normandia, em 1944, e morreu na Indochina, na explosão de uma mina.

não é apenas documento para ilustrar nem apenas dado para confirmar. Não é nem mesmo e tão-somente instrumento para pesquisar. Ela é constitutiva da realidade contemporânea e, nesse sentido, é, de certo modo, objeto e também sujeito.[28] São amplas e numerosas as situações em que a imagem fotográfica e suas variantes, no filme e no vídeo, antecipam ou mesmo substituem a própria pessoa na reprodução das relações sociais e até na inovação imaginária. A fotografia é uma das grandes expressões da desumanização do homem contemporâneo, sobretudo porque permitiu a separação cotidiana da pessoa em relação à sua imagem. Não é incomum que, com o passar do tempo, ou com a distância, os amantes amem a pessoa que está na fotografia e percam de vista e de afeto a pessoa que se deixou fotografar.[29]

Desde o século XIX, mais especificamente, desde a Comuna de Paris, as polícias capturam a fotografia do procurado, antes de capturarem o próprio perseguido.[30] Refinados instrumentos e técnicas de manipulação fotográfica permitem hoje, em muitos países, trabalhar na imagem fotográfica o processo de envelhecimento da pessoa real. É possível, assim, estender no tempo a visibilidade dos corpos e impedir que a idade funcione como camuflagem e refúgio. De modo que inocentes fotografias já tornam a todos vítimas potenciais do sistema repressivo. Isso vale para os maus, mas também para os bons. Podem ser usadas contra os anti-sociais, mas podem ser usadas também em favor dos inocentes e dos verdadeiros cidadãos. É o caso da simulação de

---

[28] Ferrarotti diz, a propósito, que, nos primórdios da fotografia, e em conseqüência, houve a passagem dos ritos familiares à história em preto e branco (cf. Franco Ferrarotti, *Dal Documento alla Testimonianza. La fotografia nelle scienze sociali*, Liguori Editore, Napoli, 1974, p. 8). Ou, como diz Sontag, a fotografia de casamento foi incorporada ao próprio casamento e se incorporou à crônica familiar (cf. Susan Sontag, *Sulla Fotografia. Realtà e immagine nella nostra società*, trad. Ettore Capriolo, 2. ed., Einaudi, Turim, 1978, p. 8). A fotografia, na história da família, se agregou tanto ao rito (o fotógrafo atuando praticamente como coadjuvante da celebração) quanto à sua memória na característica de oferenda das primícias, enquanto imagem dos novos nascimentos que esses rituais indicam.

[29] Coward, em outra perspectiva, destaca a importância da mulher como colecionadora de fotografias de família, enquanto documentos não escritos da memória familiar, e o decorrente trato afetivo da foto, expressão da nossa duplicidade, como eu e outro, ao mesmo tempo. Cf. Rosalind Coward, *Female Desire*, Paladin Books, London, 1984, p. 49.

[30] Cf. Donald E. English, *Political Uses of Photography in the Third French Republic, 1871-1914*, Bowker Publishing Company, Epping, 1984, p. 21 e ss.

mudanças etárias, a partir de uma fotografia de criança, para localizar e identificar visualmente pessoas raptadas ou desaparecidas.

A implícita e isolada concepção dos sentidos, como expressão de mediações socializadoras e de referências educativas, reaparece, a partir de outras matrizes, em estudos de diferentes autores em décadas recentes, numa tentativa de cerco à linguagem fotográfica e aos fatores de sua construção. A fotografia é inútil se não tem sentido para determinada pessoa ou determinado público. Sekula sugere a necessidade do que se poderia definir como "alfabetização fotográfica",[31] o desenvolvimento da capacidade de ver uma fotografia e interpretar o que ela contém, como requisito para que a fotografia entre no circuito dos processos interativos de que é instrumento e indício.

No mesmo sentido, a concepção de "cultura visual", de Svetlana Alpers, nos alerta para a importância do código que se esconde atrás de estilos, na pintura, e que expressa um modo de situar-se no mundo e de interpretá-lo. A diferença entre a cultura visual italiana, no Renascimento, e a cultura visual holandesa, na mesma época, atesta diferenças substanciais entre as orientações básicas das respectivas pinturas, as respectivas concepções de objeto e a força da diferença de estilos como afloramentos de indícios sociais e de modos de vida substancialmente diversos entre si.[32]

A Holanda protestante desenvolvera um modo de ver e de ser vista sem mediações religiosas explícitas, enquanto a Itália católica dialogava com os olhos e o ver através de simbolizações religiosas precedentes e poderosas. No ver holandês, dessa época, o homem vinha para o centro do que era visto, assumia-se como protagonista privilegiado da vida, materialmente senhor de créditos, e não de débitos. No ver italiano, Deus e a corte dos céus se propunham no primeiro plano, o homem empurrado para o plano secundário das adjacências da sacralidade, acabrunhado pelo imenso peso dos pecados que acumulara, já tendo nascido em débito com Deus e o transcendente por conta do pecado original que não cometera. No entanto, convém ter em conta que essas referências gerais e dominantes não anulam as infiltrações de elementos de uma cultura visual na obra de pintores da outra.

---

[31] Cf. Allan Sekula, op. cit., p. 36.

[32] Cf. Anthony Grafton e Thomas DaCosta Kaufmann, "Holland without Huizinga: Dutch visual culture in the seventeenth century", *in The Journal of Interdisciplinary History*, v. XVI, n. 2, outono de 1985, p. 255-265.

Nesse momento inicial do capitalismo, que foi um dos fatores do desenvolvimento da cultura visual holandesa dessa época, o mesmo capitalismo estende sua influência em sociedades ainda profundamente marcadas por valores e modos de pensar e ver pré-capitalistas, como na Itália e também na Espanha. Mesmo que na Itália existissem as cidades mercantis que em seu tempo viveram todo o esplendor que o dinheiro podia comprar. Mas cabe indicar que, nessas infiltrações, há uma certa recorrência de representações visuais que ressaltam aberrações, numa certa preferência indisfarçável pelo contraponto visual do anômalo e da feiúra como expressões do que escapa das apoteóticas perfeições dos cenários propriamente religiosos.[33]

O estudo comparativo de fotografias de sociedades substancialmente diferentes entre si, como se pode fazer em relação às culturas visuais holandesa e italiana da Renascença, certamente contribuiria para estabelecer o que é sociológica e antropologicamente próprio de cada cultura visual fotográfica.[34] Isso nos permitiria desenvolver interpretações sociológicas estruturais por meio da fotografia, ao expor, através da imagem, o que é próprio e explicativo de cada sociedade.

Mas o *status* teórico da fotografia na Sociologia (e na Antropologia) ainda está sujeito a construtivas controvérsias, relativas à qualidade socio-

---

[33] Helen Langdon sugere que a difusão de temas e objetos cotidianos na pintura dos séculos XVI e XVII representa um reconhecimento da nobreza das coisas pequenas e simples, de modo a fazê-las objeto da arte (cf. Helen Langdon, *Everyday-Life Painting*, Phaidon, Oxford, 1979, esp. p. 5.) Mas eu acrescentaria que, nos países de cultura visual católica, esse reconhecimento se dá inspirado pelos cânones da arte renascentista e por seu arcabouço religioso e feudal. Nesse sentido é indisfarçável a degradação visual das pessoas comuns e das situações ordinárias na obra de vários pintores notáveis, como Murilo, Ribera, Velásquez. Na cultura protestante, o ser humano é concebido como ser de virtudes, de créditos divinos, depositário de um mandato divino reconhecível pela fé. Um ser que nasce belo e pela fé deve confirmar a sua beleza. Na cultura católica, o ser humano é um ser de pecados, maculado desde o nascimento pelo pecado original, um ser de débitos em relação a deus, pagáveis com as obras que poderão converter sua feiúra e deformação em beleza. Na cultura católica dessa época, beleza e feiúra estão socialmente hierarquizadas, Deus no topo e o demônio na base.

[34] Do mesmo modo, em princípio, pode-se constatar que diferentes grupos sociais ou culturais têm diferentes modos de ver e sua visão está referida a diferentes culturas visuais. Em 2002, na apresentação do catálogo da exposição "New York, capital of photography", Max Kozloff levantou a hipótese de que, nas fotografias de Nova York, há um modo judeu de ver, diferente do modo gentio, que se pode constatar comparando as fotos feitas por membros de um ou de outro grupo. Cf. Richard B. Woodward, "Behind a century of photos, was there a Jewish eye?", *in The New York Times*, 7 jul. 2002.

lógica do trabalho fotográfico e seus limites. Suposições fundamentalistas e realistas têm induzido sociólogos e antropólogos a assumirem a premissa da verossimilhança da imagem fotográfica como evidência da sua validade documental. Ela seria equivalente de outros instrumentos de investigação, e a eles complementar, como o questionário, o formulário, a entrevista anotada, o diário de campo, a entrevista gravada. De certo modo, pressupõe-se nesses instrumentos tradicionais de indagação que a viva voz é documental por excelência e que a memória vocalizável é toda a extensão da memória. No entanto, hoje, os sociólogos abertos ao diálogo com a Antropologia e a História sabem qual é a importância sociológica do silêncio, do olhar e do sonho para a compreensão da realidade social profunda e menos convencionalmente evidenciável do mundo contemporâneo.[35]

A imagem fotográfica foi incorporada por sociólogos e antropólogos como metodologia adicional nesse elenco de técnicas de investigação. E os próprios historiadores a agregaram à lista da documentação a que recorrem para ampliar as evidências documentais da realidade social do passado que constituem a matéria-prima de suas análises. Um recurso que, em diferentes campos, amplia e enriquece a variedade de informações de que o pesquisador pode dispor para reconstituir e interpretar determinada realidade social.

Todos esses recursos técnicos pressupõem que a sociedade equivale ao verbalizável, ao memorável, ao escrevível e ao visível.[36] Uma contradição, sem dúvida, em face do que é teoricamente próprio das diferentes e básicas correntes fundamentais da Sociologia e que se desborda para as disciplinas vizinhas e próximas, como a Antropologia, a Psicologia e a História. Se tomarmos a Sociologia de dois extremos do pensamento sociológico, como

---

[35] Sobre o silêncio e o olhar, cf. Luigi Lombardi Satriani, *Il Silenzio, la Memória e lo Sguardo*, 2. ed., Sellerio Editore, Palermo, 1980. Sobre o silêncio, cf. Peter Burke, *A Arte da Conversação*, trad. Álvaro Luiz Hattnher, Editora Unesp, São Paulo, 1995, esp. p. 161-183. Sobre o sonho, cf. Roger Bastide, "Sociologia do sonho", *in* Roger Caillois e G. E. von Grunebaun (orgs.), *O Sonho e as Sociedades Humanas*, Livraria Francisco Alves Editora, Rio de Janeiro, 1978.

[36] O que genericamente se pode chamar de sociologia visual encontrou alternativas de legitimação em análises como a de Paul Byers quanto ao que a fotografia pode revelar ao olho do pesquisador especificamente treinado para isso, que outros documentos e registros não revelam. Como ele diz: "Há um vasto mundo visível, onde há informação não enxergada que pode ser acessível à fotografia". Cf. Paul Byers, "Still photography in the systematic recording and analysis of behavioral data", *in Human Organization*, v. 23, n. 1, Society for Applied Anthropology, Ithaca, primavera de 1964, p. 78.

a de Durkheim e a de Marx, teremos que rever criticamente as limitações que, por isso mesmo, essas técnicas encerram.

Nas concepções correlatas de anomia e fato patológico, na obra de Durkheim, já há o reconhecimento de que as relações sociais não são conscientemente dominadas pela pessoa. No seu funcionamento como totalidade orgânica, a dinâmica social pode estar descompassada em relação a indivíduos, grupos e segmentos que se norteiam por valores e normas que não são os do requisito funcional ou que são sobrevivências de demoras referidas a outros momentos dessa dinâmica. Do mesmo modo, Marx trabalha com a pressuposição da alienação social que distancia o homem de sua obra, o processo social como um processo em que a consciência social está numa relação de desencontro com as relações sociais. Portanto, a sociedade se move, também, a partir do indizível e do invisível. Resta saber se no verbalizável há indícios do indizível, se na fala há evidências do silêncio. Ou se no visível há indícios do invisível.

Meu ensaio fotográfico sobre a prisão, feito nos dias anteriores à implosão e demolição de alguns dos edifícios da Casa de Detenção de São Paulo, em 2000, expõe evidências de uma fala intensa contida no cenário vazio, os presos já transferidos para outros presídios. Ali, nas ruínas de celas silenciosas, nos objetos abandonados, nos desenhos, pinturas e escritas que ficaram nas paredes e portas, o ausente se faz presente. O invisível se torna visível na própria evidência visual e fotográfica contida nas coisas que restaram, de quem lá esteve e já não está. De certo modo, nos resíduos da humanidade dos que partiram, as fotos nos dizem que sociedade é esta e, também, que sociedade é a anômala e provisória sociedade dos que perderam a liberdade.

Sem essas considerações, tanto o depoimento, em suas várias formas, quanto a imagem constituem documentos pobres ou, no mínimo, insuficientes da realidade social. Os que recorrem a métodos quantitativos supõem contornar essa limitação com o objetivismo próprio de seus procedimentos, a racionalidade do cálculo e das quantidades. Agregam a essa suposição, nos questionários e formulários, indagações para vencer o risco real da mentira e da omissão intencional, na pressuposição equivocada de que tudo o que não se evidencia na pesquisa direta é claramente consciente e intencional. O grande problema é que aí se supõe que a sociedade está toda contida na soma dos indivíduos e, portanto, que não é ela própria realidade em si e sujeito social. Quanto mais complexa se torna a sociedade, menos provável é que tais pressupostos tenham a devida consistência e a necessária amplitude. Nessa orientação, sempre haverá um débito de evidências e de compreensão sociológica da sociedade, de seus processos e de suas estruturas.

Não só a realidade social é constituída, também, de silêncios e invisibilidades que ampliam enormemente a distância entre essas certezas e o que se sabe que a sociedade teoricamente é. Como a fotografia é muito mais um documento impregnado de fantasia, tanto do fotógrafo[37] quanto do fotografado, quanto do "leitor" de fotografia, do que de exatidões próprias da verossimilhança.[38] O que o fotógrafo registra em sua imagem não é só o que está ali presente no que fotografa, mas também, e sobretudo, as discrepâncias entre o que pensa ver e o que está lá, mas não é visível. A fotografia é muito mais indício do irreal do que do real, muito mais o supostamente real recoberto e decodificado pelo fantasioso, pelos produtos do auto-engano necessário e próprio da reprodução das relações sociais e do seu respectivo imaginário. A fotografia, no que supostamente revela e no seu caráter indicial, revela também o ausente, dá-lhe visibilidade, propõe-se antes de tudo como realismo da incerteza.

Além disso, a fotografia nega-se enquanto suposição de retrato morto da coisa viva, porque é, sobretudo, retrato vivo da coisa morta.[39] A fotografia aprisiona e "mata" o fotografado, pessoas e coisas. E ao mesmo tempo

---

[37] Henri Cartier-Bresson diz das seleções que faz o fotógrafo antes de dar a ver sua fotografia: "Há a seleção que fazemos quando olhamos através do visor para o objeto; e há a seleção que fazemos após o filme ter sido relevado e copiado. Após revelar e copiar, deve-se colocar de lado as fotos que, embora sejam todas corretas, não são a mais forte." Cf. Henri Cartier-Bresson, *The Mind's Eye. Writings on Photography and Photographers*, Aperture, New York, 1999, p. 25. Não se pode deixar de ter em conta que fotografias feitas em determinadas situações históricas e sociais da vida nas colônias, "mais do que documentar a vida e o ambiente das populações extra-européias, restitui essencialmente 'a visão que dessa vida (e desse ambiente) se desejava dar a conhecer e difundir'". Cf., citando C. Fontana, Paolo Morawski, "Fotografia delle colonie", *in Studi Storici*, ano 23, n. 2, Instituto Gramsci, abr.-jun. 1982, p. 462.

[38] "[...] a fotografia não é o produto de uma tecnologia, mas é o produto das várias interações humanas envolvidas: pessoas sendo fotografadas, pessoas tirando fotografias, pessoas olhando fotografias." Cf. Paul Byers, op. cit., p. 79.

[39] "[...] essa coisa um pouco terrível que há em toda fotografia: o retorno do morto". Roland Barthes, *A Câmara Clara. Nota sobre a fotografia*, 2. ed., trad. Júlio Castañon Guimarães, Editora Nova Fronteira, Rio de Janeiro, 1984, p. 20.

torna-se coisa viva nos usos substitutivos que adquire. É o que acontece quando é usada como ex-voto no pagamento de promessas nos santuários e lugares de romaria. É quando de fato se torna representação, isto é, presença do ausente. Na captura, muito cedo, da imagem fotográfica pelo sagrado, temos uma das melhores indicações de sua polissemia e da sua multifuncionalidade. Algo na mesma lógica do que pode ser encontrado em cerimônias de macumba e de feitiço, como captura ritual e simbólica do incapturável, em que o simbólico tem força e vida.

O mesmo acontece quando usada como ícone, como substituta temporária e provisória da pessoa amada, como redefinição simbólica da ausência na recriação imaginária do ausente. Numa sociedade em que a coisificação das relações sociais e das próprias pessoas é a regra fundante, não é propriamente estranho que o próprio afeto humano tente se apossar e vivificar a humanidade do que parece temporariamente desprovido de condição humana pela distância e pela ausência.

Nesse sentido, a fotografia é, sem dúvida, expressão de uma das grandes e fundantes ilusões da sociedade contemporânea, a da paralisação da vida e a ilusória contenção do envelhecimento e da morte. Evidências dessa ilusão podem ser encontradas no uso das fotografias nos cemitérios.

Quando a morte foi expulsa das igrejas e se disseminaram os cemitérios, e no Brasil isso ocorreu em meados do século XIX, surgiu também a necessidade cultural de simbolizar a vida contra o perecimento, semear evidências e testemunhos desse desencontro-encontro entre o corpo e o espírito, a transcendência, e não a morte, como dimensão propriamente humana da vida. Antes, nos sepultamentos no interior das igrejas, isso era desnecessário porque os mortos não só não estavam separados dos vivos, que regularmente compareciam às cerimônias religiosas nos templos, não estavam na solidão e no abandono, como estavam acomodados no interior do próprio sagrado e da inteireza plena do ser humano.

A arte cemiterial que se difundiu entre nós foi, no início, marcada pelo nostálgico do romantismo, a melancolia profunda das separações, o pranto marmóreo da ruptura tentando estabelecer um novo elo entre os que ficam e os que partem. Rapidamente, a fotografia, no seu aparente realismo, ocupou o espaço, no início densamente simbólico, dos templos, forma profana e substitutiva de preencher o vazio entre a vida e a morte, surgida com o mencionado afastamento dos mortos do interior das igrejas.

No uso funerário da fotografia, o fantasioso se torna eloqüente discurso sobre a negação da morte, na escolha de fotos que retratam o morto em momento da biografia pleno de vida. É raro ver-se fotografia de velho em túmulo de idoso. Antes, a foto está sempre em contraste profundo com as datas de nascimento e de falecimento do sepultado. Ele não é apresentado nem como criança nem como velho, mas como ser no vigor da existência, eventualmente no início da velhice, para ostentar a imagem de um corpo ainda viril, útil e levemente patriarcal. No caso das mulheres, ou a fotografia de quando jovem e bela ou de quando já avó, na plenitude do matriarcado, a velhice valorizada na imagem, ao contrário do que ocorre com o homem. No fim das contas, o retrato fotográfico é aí retrato de uma concepção da vida "verdadeira" e, portanto, evidência de um imaginário em que os que escapam dessa imagem ainda não são "inteiros" ou já não o são. Em ambos os casos, de homens e mulheres, a valorização fotográfica da pessoa como centro e núcleo de uma trama de interações familiares, muito mais como instituição do que como indivíduo.

É a contradição entre o verossímil e o ilusório, e a sua unidade, que propõe a leitura sociológica possível da fotografia. Sem a referência teórica apropriada, que permita interpretar essa contradição, a fotografia, tanto na Sociologia quanto na Antropologia e na História, não passará de mera e vazia ilustração de texto.

Na imagem que não é fotográfica, como se vê nas esculturas populares de barro do Mestre Vitalino, neste livro analisadas, temos uma evidência de como o icônico é essencialmente expressão de uma necessidade do imaginário, uma linguagem e um discurso visual. Expressão, também, de que os usos da imagem, mesmo a fotográfica, se expandem não como mero instrumento supletivo da linguagem falada ou escrita, mas como discurso visual dotado de vida e legalidade próprias. Um sociólogo deve ter isso em conta quando, nas limitações técnicas de sua própria ciência, opta pelo instrumento da fala ou da escrita como recurso para obter os dados de que precisa em sua pesquisa. A fala longa e demorada, indagativa, do sociólogo não raro está em contraste com os limites da fala em sociedades simples, como é o caso das sociedades camponesas ou das sociedades proletárias.

Neste livro proponho uma Sociologia da fotografia e da imagem que encare essas dificuldades com os recursos interpretativos que a ela melhor se ajustam. Sem dúvida, há aí um necessário ponto de encontro com a Sociologia da Vida Cotidiana, a disciplina científica que se propõe a religar o repetitivo com o inovador na vida social e o que é fantasioso com o que é objetivo. A ilusão é o documento visual na sua substantiva relação com o verossímil. Mas a ilusão é polissêmica, justamente o que pede uma Sociologia do conhecimento visual para ler e interpretar a imagem, particularmente a imagem fotográfica.[40]

• • •

Em minhas análises e reflexões sobre esse tema, encontrei interlocutores que, direta ou indiretamente, muito me ajudaram a aperfeiçoar provisórias interpretações sociológicas da imagem fotográfica. Essas interpretações e as sugestões que recebi foram organizadas, sistematizadas e expostas sobretudo no curso de Sociologia Visual que ministrei na Universidade de São Paulo, em 2000 e 2002. Fraya Frehse, que é também fotógrafa e companheira de excursões fotográficas, tem sido paciente não só no exame e comentário de minhas fotografias, mas também na troca de idéias sobre o *status* sociológico da imagem fotográfica. Sobretudo no alertar-me para novidades no debate sobre o uso da fotografia nas ciências humanas, uma de suas paixões e uma de suas muitas competências. João Moreira Salles tem sido generoso e competente nas sugestões bibliográficas e nos comentários sobre temas diretamente relacionados com os deste livro, nos quais ele é indiscutivelmente mestre. Meu agradecimento é pouco em face do que com eles tenho aprendido. Sou agradecido, também, à professora Ruth Cardoso, que me apoiou nos esforços para ter acesso em tempo, para fotografar, com meus alunos, ao recinto dos edifícios da Casa de Detenção de São Paulo, que seriam implodidos logo depois.

---

[40] Citando Oliver Wendell Holmes, Alan Trachtenberg sublinha que a fotografia é "um tipo especial de conhecimento". Cf. Alan Trachtenberg, "Introduction: Photographs as Symbolic History", *in* Alan Trachtenberg *et al.*, *The American Image. Photographs from the National Archives, 1860-1960*, Pantheon Books, New York, 1979, p. x.

1

A fotografia e a vida cotidiana:
ocultações e revelações*

Clique 1: Introdução

Das formas de expressão visual da realidade social, a fotografia é aquela que ainda procura o seu lugar na sociabilidade contemporânea. Talvez porque tenha sido, por muito tempo, a mais popular de todas, ao alcance de um leque amplo de usuários e instrumentalizada por uma variedade significativa de imaginários. A que se deve agregar, em conseqüência, a diversidade de suas funções: das puramente técnicas às puramente artísticas, passando pelas relativas ao lazer e à memória do homem comum.

Do mesmo modo, a fotografia ainda procura o seu lugar na Sociologia. Tanto como forma peculiar de expressão do imaginário social e da consciência social quanto como recurso da Sociologia para compreendê-los. Ou, melhor dizendo, procura a Sociologia um lugar para ela no elenco dos recursos metodológicos que possam enriquecer os seus meios de observação e registro das realidades sociais. Como ocorreu com os antropólogos, não é raro que os sociólogos busquem nela a técnica capaz de reter e documentar a dimensão propriamente ontológica do social. O uso da fotografia

---

* Trabalho apresentado no seminário sobre "O visual e o quotidiano: imagens e revelações", Instituto de Ciências Sociais da Universidade de Lisboa, 5 e 6 de maio de 2006. Esta versão contém alguns acréscimos e notas de rodapé adicionais em relação ao texto apresentado no referido seminário e publicado em Portugal.

pela Antropologia e pela Sociologia chegou a ser considerado, e ainda é por muitos, um recurso objetivo de pesquisa, e por isso complementar da objetividade nas Ciências Sociais. Sujeito, porém, a ressalvas relativas ao risco da subjetividade própria de uma modalidade de expressão visual com trânsito na arte. Howard Becker assinalou esse temor em Margareth Mead, pioneira no uso antropológico da fotografia.[1]

Vai ficando evidente, porém, que a imagem fotográfica constitui mais do que um recurso de técnica de pesquisa nas Ciências Sociais. Antes de ser procurada pelos cientistas sociais, já havia sido cortejada pelo senso comum e com ele contraíra matrimônio. Mais do que tem hoje, essa busca tinha sentido quando a Sociologia ainda se sentia segura no interior da fortaleza da objetividade e das técnicas aparentemente precisas de observação e estudo das estruturas sociais, dos processos sociais e das situações sociais. Uma época, também, em que uma certa inocência social limitava o ímpeto de expressão do homem comum e o mantinha relativamente confinado no interior do castelo forte das regras sociais.

A revolta estudantil, em 1968, que se manifestou em vários países, a partir de fatores não raro específicos, completou o longo processo de implosão dessa muralha de relativo conformismo. Era o que assegurava a legitimidade da estrutura de classes como referência das formas mais ousadas de interpretação sociológica. Ou mesmo as estruturas sociais e as funções sociais que separavam e classificavam as pessoas em grupos coerentes para as interpretações dos sociólogos. Um referencial de certezas ganhara sua mais completa expressão teórica em obras emblemáticas como *Social System*, de Talcott Parsons. Mas essas certezas entraram em crise. Uma certa coalescência social massificou a sociedade; o consumo e o consumismo costuraram novos modos de ser em diferentes lugares do mundo. Uma visão social relativamente descomprometida com estruturas sociais rígidas acabou dando lugar à busca sociológica pós-parsoniana e refletindo-se numa Sociologia aberta à subjetividade, ao momento e às formas sociais.

---

[1] Para uma referência a esses temores, em relação à fotografia na obra da antropóloga Margareth Mead, pioneira no uso antropológico da fotografia, cf. Howard Becker, "Introduction", *in* Howard Becker *et al.*, *Exploring Society Photographically*, Mary and Leigh Block Gallery/ Northwestern University, Evanston, 1981, p. 10.

Os mecanismos sociais de prevalência do repetitivo em relação ao transformador, já nos primeiros anos após a Segunda Guerra Mundial, como observou Henri Lefebvre,[2] trouxeram a vida cotidiana para o primeiro plano da existência da maioria das sociedades ocidentais e instituíram a cotidianidade como a era de um modo de ser dominado pelo presente, pelo fragmentário e pela incerteza. Na Sociologia, as indagações moveram-se da verdadeira e fechada engenharia social de seus autores mais destacados para a Sociologia menos arrogante e mais indagativa dos anos 1960 e 1970. Não raro, recuperando e trazendo para o primeiro plano, autores que haviam ficado à margem, como autores menores, devotados às aparentes irrelevâncias do contemporâneo e do que é passageiro. Incluo nesse benéfico resgate a obra fundamental do austríaco Alfred Schutz, que, vertida para o inglês, teve um efeito imediato na renovação da Sociologia. Sobretudo, através da sistematização e difusão que dela fizeram Peter Berger e Thomas Luckmann. Foi também o caso do interacionismo simbólico de Herbert Blumer e da dramaturgia social do canadense Erving Goffman. Conhecer o conhecimento de senso comum como conhecimento pré-sociológico negociado e pré-ordenador das relações sociais inscreveu-se na Sociologia contemporânea de modo explícito, como modo de fazer do sujeito o autor e protagonista do imaginário social e das ordenações sociais.

A própria Sociologia foi alcançada pelo que se pode chamar propriamente de um ver sociológico contido na Sociologia fenomenológica. Mesmo sem o recurso à fotografia e sem interesse por ela, essa Sociologia devotada aos processos sociais cotidianos passou a trabalhar com descrições sociológicas intensamente visuais, como na dramaturgia de Goffman. Ao expor a teatralidade dos processos sociais referidos ao cotidiano e à sua inevitável espacialidade, a Sociologia passou a usar orientações e procedimentos que, na verdade, são fotográficos. Como no reconhecimento de uma sociológica e ao mesmo tempo fotográfica profundidade de campo na distinção entre boca de cena e fundo do palco ou entre palco e bastidor, enquanto cenários distintos e até opostos de atuação social, com força impositiva sobre normas e valores.

---

[2]   Cf. Henri Lefebvre, *Critique de la Vie Quotidienne*, I, L'Arche Éditeur, Paris, 1958.

Mesmo nas relações de negociação dos significados dos processos interativos e das relações sociais entre sujeitos da situação social, a visualidade do processo é inevitável. Isso, porém, não quer dizer que os processos sociais sejam "fotografáveis" e que a câmera fotográfica possa ser considerada uma máquina de produção de informações sociológicas sem erros nem tergiversações. Não há propriamente um campo promissor para a fotografia no campo da metodologia sociológica.

Mas a reflexão sociológica sobre a fotografia pode contribuir significativamente para o conhecimento das limitações dessa forma de documentação e, portanto, demarcar com segurança o lugar que pode ter na Sociologia. Mais significativamente ainda, pode contribuir para desvendar aspectos do imaginário social e das mediações nas relações sociais que de outro modo seriam encarados sociologicamente com maior déficit de informação. Se a fotografia nada acrescenta à precisão da observação sociológica, muito acrescenta à indagação sociológica na medida em que a câmera e a lente permitem ver o que por outros meios não pode ser visto. Ao mesmo tempo ela introduz alterações nos processos interativos, na pluralidade de sentidos que há tanto no lado do fotógrafo quanto no lado do fotografado e do espectador da fotografia.[3]

Nesse sentido, a fotografia é um dos componentes do funcionamento desta sociedade intensamente visual e intensamente dependente da imagem. Mas, obviamente, não é ela o melhor retrato da sociedade. É nessa perspectiva que se pode encontrar o elo entre a cotidianidade e a fotografia, a fotografia como representação social e memória do fragmentário, que é o modo próprio de ser da sociedade contemporânea. Mesmo que tenha tido uma origem difusa e funções inespecíficas, a fotografia vai se definindo, no contemporâneo, como suporte da necessidade de vínculos entre os momentos desencontrados do todo impossível, como documento da tensão entre ocultação e revelação, tão característica da cotidianidade.

---

[3] Sobre a precursora e fundamental contribuição de Kracauer para o conhecimento desse aspecto da questão, cf. Dagmar Barnouw, "The shapes of obectivity: Siegfried Kracauer on historiography and photography, *in Annals of Scholarship*, v. 8, n. 3-4, Wayne State University Press, Detroit, 1991, p. 427-449. Kracauer fez parte do círculo de Ernst Bloch, Theodor W. Adorno e Walter Benjamin.

Clique 2: As revelações da vinheta em *Blow-Up*

Há uma certa insistência, entre historiadores e sociólogos, na suposição de que a fotografia congela um momento do processo social. É o que pretende legitimar o seu uso como documento sociológico. Esse pressuposto, no entanto, esbarra na reconhecida polissemia da imagem, particularmente a polissemia da imagem fotográfica. Por isso, como diz Schaeffer, para captar a especificidade da imagem fotográfica, "deve-se abandonar a idéia de que existiria *uma* imagem 'em si'".[4]

A obra de ficção, em torno da fotografia, nem por isso menos real, propõe à Sociologia Visual desafios de concepção e de leitura da imagem fotográfica que, justamente, vão muito além desse fundamentalismo imagético.[5] Tanto no filme *Blow-Up*, de Michelangelo Antonioni (1966),[6] quanto na novela *The Photograph*, de Penélope Lively (2003), o aproveitamento ficcional da natureza polissêmica da fotografia mostra exatamente o contrário. A fotografia não congela nem retrata "o que está lá". Nos dois casos, justamente a irrealidade da fotografia é que tece a trama de suposições responsáveis pelo drama e pelo dramático. Portanto, a fotografia nutre a sua interpretação por uma contínua remessa ao real, que não se deixa congelar, que não interrompe o seu fluxo e que, por sua vez, agrega e redefine significações ao que só aparentemente é um "congelamento" de imagem e, nesse sentido, um "retrato" da sociedade em certo momento.

Nos dois casos, a fotografia tece uma história. Revela-se o oposto do "congelamento", entrosa-se dinamicamente nas necessidades do processo social. É documento da cambiante suposição das personagens. Como nos jogos eletrônicos, ganha sempre. Antecipa-se ao jogo, reinventando a regra a cada jogada. A fotografia se propõe, aí, como documento da incerteza, e não da certeza. Questiona a pressuposição do estrutural, do que pretende

---

[4] Cf. Jean-Marie Schaeffer, *A Imagem Precária. Sobre o dispositivo fotográfico*, trad. Eleonora Bottmann, Papirus Editora, Campinas, 1996, p. 13.

[5] É essa uma extensão significativa e enriquecedora da concepção de Schaeffer: "o dispositivo fotográfico produz traços visíveis de fenômenos que são radicalmente invisíveis ao olho humano [...]". Cf. Jean-Maria Schaeffer, op. cit., p. 21.

[6] No Brasil, o título do filme de Antonioni teve a estranha tradução de *Depois daquele beijo*. Em Portugal, teve a tradução mais sensata, e nem por isso mais apropriada, de *História de um fotógrafo*.

permanecer e que a Sociologia precisa que permaneça para interpretar. A Sociologia pressupõe reiterações, continuidades, permanências. Há, sem dúvida, uma oposição de enredos entre uma obra e outra.

Em *Blow-Up* a fotografia se esconde progressivamente, furta-se a ser prova e documento, desmentida pela realidade do desvanecimento do objeto [*Figuras 1 a 4*]. Ao perder seu objeto – o cadáver de um homem por meio dela descoberto – perde-se como objeto e documento. É, em suma, a perdição do fotógrafo. O enredo é precedido por uma vinheta metafórica que nos propõe que o ver é o que se quer ver e que a consistência da imagem é imaginária.

O filme começa, propriamente, com a arrogante conduta do fotógrafo. Ele é o senhor dos processos interativos dos que com ele devem interagir no estúdio e que dele dependem. De certo modo ele personifica o poder da imagem fotográfica, embora não saiba disso. É um pequeno tirano, que se impõe, que põe e dispõe coisas e pessoas. As modelos são serviçais, subjugadas, sem identidade. Fotógrafo reputado, requisitado autor de fotografias, nos gestos e nas poses, no entanto o fotógrafo age como o autor da verdade, que é a sua vontade. Ele é o senhor do real. Ao longo do filme, porém, vai ficando claro que não é o fotógrafo quem "manda" na fotografia, mas é a fotografia que "manda" no fotógrafo. A ponto de, no final, a fotografia do suposto crime, involuntariamente fotografado, desaparecer e deixar o fotógrafo sem a prova daquilo que ele afirma ter visto e fotografado. A fotografia, que no início é um objeto auxiliar do fotógrafo, no final mostra o fotógrafo como seu objeto impotente.

A vinheta do filme, um grupo de palhaços brincalhões, amontoados num carro aberto que circula entre cenários ora vazios, ora cheios de gente, nesse caso agindo contra o sentido dominante do cotidiano, introduz uma metáfora no filme. E encerra-o com um jogo de tênis em que a bola imaginária, no entanto assumida por todos como real e verdadeira, joga com todos, até mesmo com o fotógrafo, enfim vencido pela veracidade do fictício. O jogo se inverte: é o objeto que joga com o jogador. A fotografia ganha vida, descola-se do cotidiano, vaga no cenário. Sob a metáfora da pequena bola, impõe ao imaginador o reinado da imaginação.

No filme de Antonioni, a sociedade se mostra etérea, completamente dependente das mediações, uma sociedade em que os objetos têm vida própria, o que faz do homem objeto das coisas. Esse fetichismo das coisas só é possível numa sociedade "fotográfica", isto é, uma sociedade de aparências levadas ao extremo de que um retrato se torne uma folha em branco. O retrato foi visto, estava "lá", como o criminoso e o cadáver de sua vítima. Mas, no final das contas, não estava lá, estava na imaginação do fotógrafo. Há um certo delírio, uma certa loucura no ato fotográfico. O contraponto da casa, vasculhada por alguém imaterial e desconhecido que procura o filme que contém as fotos do crime, e o contraponto das coisas que desaparecem mostram como a fabulação da fotografia propõe seres ativos e invisíveis ao mesmo tempo.

Há muito de Kafka nas concepções do filme. A personagem interage com alguém que não se identifica, com quem não fala, não se deixa ver. A mulher que supostamente estava com o homem que depois aparece morto não está lá como ela mesma. Está lá como interposta pessoa, como representante de alguém que não se revela, não se propõe, não se deixa ver. Mesmo, e sobretudo, na relação sexual que a torna tão carnal e tão mais real do que o comum das pessoas na ligeireza dos relacionamentos cotidianos. Ela entra e sai nas cenas e na história como quem não está lá, como quem não pertence àquele enredo. Ela é de outra história. No entanto, é a única pessoa visível da trama que enreda o fotógrafo.

A imaterialidade das relações, o caráter fantasioso dos processos interativos, a falta de história nessas relações, desprovidas de passado e de futuro, faz de todas elas apenas o presente e o passageiro. O tempo entra como mera citação decorativa, na compra, feita no antiquário ali perto do parque em que a fotografia será feita minutos depois, de uma imensa hélice de madeira. Um objeto sem qualquer função no enredo. Ele cita o tempo, mas o tempo não está nas relações sociais. A busca de prova de que algo existiu, como forma de provar que o fotógrafo existe, é inútil, irrelevante. De fato, ninguém se deu conta de que alguém morrera e desaparecera. Apenas o fotógrafo e simplesmente porque sua visão das coisas foi mediada pela técnica. Por isso descobriu numa das fotos uma sombra que parece um homem que espreita. E, numa das mãos do homem, um revólver. Na direção da mira do revólver descobre um cadáver.

No detalhe completamente secundário e quase invisível, a fotografia revela uma rede de relações sociais com sentido: as ocultações de clandestina relação entre um homem e uma mulher, uma terceira pessoa e um assassinato. Essa revelação da fotografia, porém, não vem dela própria. Vem do incidente da mulher que se descobre sendo fotografada com um homem, assedia o fotógrafo, tenta se apossar do filme que contém as fotos e anular, assim, a própria fotografia e o que ela documenta sem que tenha havido no ato fotográfico a intenção de documentar precisamente aquela cena. Na verdade, são fotos tomadas ao acaso, sem intenção de fotografar coisa alguma, expressão de uma certa gratuidade da fotografia.

O filme desconstrói a relação que a fotografia propõe entre primário e secundário, entre o *punctum* de que nos fala Roland Barthes,[7] o que na foto a justifica e captura o olhar de quem a vê, e o irrelevante que apenas completa a composição. A fotografia, de fato, ao se disseminar como meio popular de expressão visual criou e estendeu ao cotidiano a classificação daquilo que se vê. Criou uma seletividade de focos ao transformar os cenários da vida de todo dia em imagem fotográfica. Hierarquizou o que é visto. Criou desprezos visuais na glamorização daquilo que vale a pena ver na vida de todo dia.

A vida complexa, cheia demais, cheia de gente, de edifícios, de coisas sem vida, congestionada de solicitações visuais, encontrou na fotografia um meio de registrar e guardar o que "vale a pena", o que queremos que fique. Diferentemente da pintura, em que o detalhe é o elemento significativo da composição, não raro o decodificador simbólico do que o artista está querendo dizer com o que parece ser o principal. Na fotografia, que nasce em preto-e-branco, sem a carga simbólica das cores, que nasce binária e simplificadora, não é estranha essa ausência de recursos interpretativos. Ela atende, justamente, à necessidade social e também subjetiva de ordenar imaginariamente o irrelevante da vida cotidiana e cinzenta que nasce com a modernidade, da qual a câmera fotográfica é um dos instrumentos mais espetaculares.

Clique 3: Fotografia e mistério

Os primeiros fotógrafos e os primeiros intérpretes da fotografia louvaram nela a representação precisa, a suposta impossibilidade da invasão do fantasioso e do impreciso na produção da imagem fotográfica, o seu caráter

---

[7] Cf. Roland Barthes, "The photographic message", *in* Susan Sontag (ed.), *Barthes. Selected Writings*, Fontana/Collins, Oxford, 1983, p. 194-210.

industrial e científico.[8] A fotografia criava uma visualidade própria da sociedade industrial, supostamente bania da imagem as fantasias, crendices e fabulações barrocas da sociedade precedente, livrava a imagem moderna dos rebuscamentos da pintura, do caráter estamental da cultura pictórica do mundo pré-industrial, socialmente hierárquica, apoiada em desigualdades sociais intransponíveis. Nos seus começos, a fotografia foi recebida como nascimento de uma visualidade republicana e igualitária.[9]

André Bazin assinala, no entanto, que na fotografia o essencial não é a perfeição do processo físico, mas o fato psicológico de que ela satisfaz, por um meio mecânico, o nosso apetite de ilusão, e a ilusão sobrepassa as eras.[10] Tanto em *Blow-Up* quanto em *The Photograph*, porém, não é a fotografia como ilusão, como representação, como semelhança fictícia em relação ao fotografado, que se propõe nos respectivos enredos. Mas o detalhe inesperado, o não ilusório da imagem, a verdade crua das relações sociais. Se a fotografia nasce e se dissemina como instrumentação da dissimulação, nem por isso deixa de conter o não-dissimulado, o erro, o engano, a distração, a exibição do que não poderia ser exibido segundo o código do senso comum e da dramaturgia social e as regras da ilusão necessária.

Em *The Photograph*, de Penélope Lively (2003),[11] a fotografia aparece inicialmente como fragmento de uma imagem possível. Glyn Peter, arqueólogo, está procurando em velhos guardados uns escritos de que necessita. Encontra fotografias, reflete sobre elas. Num envelope em que está escrito "Não abra. Destrua", encontra a foto de um grupo e nota que, casualmente, a fotografia incluíra um casal de costas, de mãos entrelaçadas, furtivamente, como namorados. Era sua falecida esposa Kath e seu concunhado, Nick, marido de Elaine, irmã de sua mulher. Glyn fica intrigado com a suspeita, proposta pela fotografia, de que sua mulher tivera um caso com o cunhado e começa a se perguntar com quantos homens ela dormira, além dele.

---

[8] Cf. Edgar Allan Poe, "The Daguerreotype" (1840), *in* Alan Trachtenberg (ed.), *Classic Essays on Photography*, Leete's Island Books, New Haven, 1980, p. 38.

[9] Cf. Lady Elizabeth Eastlake, "Photography" (1857), *in* Alan Trachtenberg (ed), op. cit., p. 41.

[10] Cf. André Bazin, "The Ontology of the Photographic Image" (1962), *in* Alan Trachtenberg (ed.), op. cit., p. 240.

[11] Penelope Lively, *The Photograph*, Viking, London, 2003.

A trama da novela é a trama da descoberta das relações entre as personagens secundárias da foto, a necessidade de encontrar sentido para o detalhe perturbador. Glyn, diante da foto, perturba-se porque ela lhe revela que acreditara ser quem não era, à luz daquela evidência até então desconhecida. Descobre que a trama das relações sociais que orientavam suas ações cotidianas e de família continha ocultações, como aquela. No fundo, a foto lhe diz que a mulher morta não morrera, pois lhe impunha a necessidade de desvendar o mistério daquela descoberta para redefinir suas relações sociais, desocultar aquele segredo para não continuar dando o mesmo sentido que dera antes às relações que ainda mantinha com os outros sobreviventes. Há um certo retorno da morta, tão sua conhecida, com uma nova identidade desconhecida, que impõe uma reordenação das relações sociais que a ela sobreviveram.

A descoberta incide, justamente, sobre o cotidiano e revela uma face da cotidianidade: a sua intransparência, o quanto é feita de ocultações e de segredos. O quanto a sociedade é fenomenicamente fragmentária, o quanto cada um, na vida cotidiana, está exposto à necessidade social de contínua reformulação de suas referências em relação até mesmo ao conhecido e ao íntimo. O quanto há de estranhamento social nessa cotidianidade, o quanto não conhecemos até mesmo a quem mais conhecemos. De certa maneira, em cada despertar temos a demanda sempre renovada de redescobrir as referências sociais, reinventá-las. O que perdura, como na proposição dessa novela, é a durabilidade da incerteza e a da busca da certeza a respeito das referências sociais. Uma busca sem fim.

A partir do inesperado detalhe da fotografia, Glyn começa a imaginar a existência de um caso de infidelidade em relação a ele. O detalhe das mãos entrelaçadas e escondidas não era para ter saído na foto, mas estava lá. Como em *Blow-Up*, é o detalhe que desconstrói a fotografia e produz a incógnita e a indagação. É ele que pede que se vá além da fotografia. A foto faz imaginar, mas esse imaginário se dá referido a parâmetros, a um elenco de pressupostos que vão se explicitando à medida que as indagações avançam. No livro de Penélope Lively, de certo modo, a foto suscita indagações e investigações, tentativas de resolver o mistério insuportável, desvendar o enigma daquelas mãos entrelaçadas que foram interpretadas segundo algo que não estava na foto.

Com o correr do enredo, a fotografia perde sua inocência. Ela é documento de que as relações sociais são ilusórias, apoiadas em pressuposições sem evidências, realidades sem prova. Mas a prova vai se robustecendo, a fotografia ficando inteira. Aí a fotografia é proposta como verdade dependente do todo em que pode ter sentido. Há uma verdade nela, que depende, porém, dessa inteireza. Mesmo aí, essa inteireza é apenas aquela que permite que os códigos de interpretação cotidianos funcionem. A fotografia junta fragmentos visuais. Sem a imagem a cotidianidade seria impossível. Mesmo quando não temos uma fotografia para cada situação, o imaginário cria a imagem em nós e para nós.[12] De certo modo, em boa parte, hoje, pensamos fotograficamente.

Clique 4: O retrato do ser fragmentado

Há uma dramaturgia social que torna a fotografia, a imagem, necessária. A fotografia reforça a necessidade de representar. Nas fotografias, as pessoas fazem supor. Ao mesmo tempo, a fotografia se propõe como apontamento da memória, e não como memória, como lembrete do que se perdeu no cotidiano, na banalização, na secundarização de certos acontecidos, e não se quis perder.[13]

No entanto, a fotografia diz menos do que o acontecido. De uma experiência que fiz com os alunos de Ciências Sociais da Universidade de São Paulo, em 2000 e 2002, decorreram várias sugestões a respeito. Cada aluno

---

[12] Em 2002, realizei com meus alunos duas excursões fotográficas aos pavilhões recém-desocupados da Casa de Detenção de São Paulo, que iam ser implodidos para a construção de um parque público. Todas as celas tinham as paredes decoradas com significativas pinturas e colagens de recortes de fotografias de jornais e de revistas, que iam de santos a mulheres nuas. As pinturas iam de verdes paisagens a retratos de família. Uma verdadeira população imaginária escondia-se por trás das grades. Desse trabalho, resultou meu próprio ensaio fotográfico, incluído neste livro, no capítulo 4, "Carandiru: a presença do ausente".

[13] John Berger é dos raros autores que pensa a fotografia na perspectiva dialética. Nesse sentido, opõe-se ao modo corrente como alguns pesquisadores, que tratam de temas históricos, tratam a fotografia, como evidência da memória e sua substituta. Fala, por isso, em fotografia alternativa, a fotografia não simplesmente como evidência da história, mas como documento inserido na própria historicidade: "A tarefa de uma fotografia alternativa é incorporar a fotografia na memória social e política, em vez de usá-la como substituta, a qual encoraja a atrofia de tal memória." Cf. John Berger, *About Looking*, op. cit., 62.

foi solicitado a contar sua própria história através da fotografia. Tinha que escolher, nos guardados fotográficos da família e da casa, dez fotos que, no seu modo de ver, contassem sua história pessoal. Muitos não se limitaram a trazer e expor fotos de suas pessoas. Com exceção de um, todos incluíram fotos de familiares bem próximos: pais, avós, irmãos. E também de amigos. Uma única aluna, que, aliás, trouxe uma grande coleção de álbuns para neles escolher dez fotos, incluiu uma foto sua, completamente nua, aos dois anos de idade. Cada história visual foi colocada sobre uma mesa, o aluno distribuindo-as na ordem de sua preferência. Em seguida, cada qual devia escolher um colega da turma que não lhe fosse dos mais próximos para que esse colega, baseado nas evidências das fotos, tentasse contar a biografia do expositor. Depois disso, o biografado expunha sua própria história e indicava a relação entre as fotos e sua biografia. Em conjunto, fazíamos uma reflexão sobre o desencontro entre a biografia segundo o fotografado e a biografia segundo a fotografia.

Nenhuma dessas narrativas em primeira pessoa coincidiu com a história imaginada por outros a partir da seqüência das fotos.[14] A fotografia se revelou imprestável como documento biográfico e mesmo de história da situação social do fotografado. É verdade que a tendência foi a de buscar, no cotidiano, elementos para situar as imagens. Poucos prestaram atenção em detalhes propriamente cotidianos que ajudariam a desenvolver a "leitura" das fotos, como os trajes e os objetos materiais da circunstância. Aliás, aquilo que primeiro atraiu a atenção dos fotógrafos para as possibilidades documentais da fotografia. Os cenários das fotografias foram interpretados como coadjuvâncias acidentais, sem importância. Tanto quem fotografou, no geral, não se importou com o que pudesse estar na cena da fotografia, como tampouco os "leitores" das imagens se puseram a questão de que nesses cenários os objetos fragmentários do cotidiano estavam presentes.

---

[14] "O real sentido de qualquer fotografia nunca pode ser total e objetivamente conhecido ou previsto, especialmente por um "observador externo" que não esteve inicialmente envolvido em algum momento da criação dessa imagem." Cf. Judy Weiser, "Phototherapy Techniques: Using Clients' Personal Snapshots and Family Photos as Counseling and Therapy Tools", *in Afterimage*, novembro-dezembro, 2001. O exercício e experimento descritos, que realizei com os alunos, não se inscrevem no campo do que a autora denomina fototerapia. Entretanto, com ela coincide na constatação de que, justamente, a polissemia da foto contraria a tese freqüente de que a fotografia é o congelamento de um momento da história ou de uma biografia.

Diferentemente da fragmentação indicada antes em relação à fotografia isolada, quando as fotos são juntadas e, portanto, narram ou sugerem uma história, é inevitável a emoção diante da fotografia. As reações de meus alunos, quando juntavam dez fotos sobre a mesa para narrar sua história pessoal, eram reações de nostalgia, de uma certa perda que o todo arbitrário sugeria. A emoção não vinha dos que, estando lá, também estavam vivos e na convivência. A emoção da fotografia era diante dos ausentes, dos banidos da história pessoal, dos mortos reais e simbólicos, como os pais separados, a mãe ou o pai divorciado que se distanciou, a namorada ou o namorado que deixou de sê-lo, a amiga ou o amigo que não o é mais.

A fotografia vista como conjunto narrativo de histórias, e não como mero fragmento imagético, se propõe como memória dos dilaceramentos, das rupturas, dos abismos e distanciamentos, como recordação do impossível, do que não ficou e não retornará. Memória das perdas. Memória desejada e indesejada. Memória do que opõe a sociedade moderna à sociedade tradicional, memória do comunitário que não dura, que não permanece. Memória de uma sociedade de rupturas, e não de coesões e permanências. Memória de uma sociedade de perdas sociais contínuas e constitutivas, de uma sociedade que precisa ser recriada todos os dias, de uma sociedade mais de estranhamentos do que de afetos.

Houve, dentre os alunos, quem incluísse, na mostra pessoal, fotografias das quais, um dia, foram recortadas e excluídas determinadas pessoas. Foi a forma de expulsá-las das fotos, de bani-las da foto para bani-las da vida. Nesse sentido, a fotografia se apresenta, também, como recurso de homicídio simbólico. Recurso não só do que se quer lembrar, mas também do que se quer esquecer lembrando, pois o buraco na foto continuava falando do ausente, mas um ausente agora sem rosto e sem identificadores. Houve expressões de rememoração raivosa no reencontro visual com os indesejáveis, o rancor, o ódio. Mas também a saudade da relação social que existiu e já não existe.

A prática de colocar fotografias em caixas de sapatos ou em gavetas é uma necessidade não só de guardar, mas de esquecer temporariamente. Esquecer sabendo que está lá, que pode ser ressuscitada. Nessa perspectiva, o cotidiano é relação de proximidade e distância, lembrança e esquecimento. A instauração da cotidianidade institui também o esquecimento provisório como forma de definição do vivido e de viver o presente. A morte simbólica, o adormecimento temporário, do vivido, mas ao mesmo tempo a sua permanência nos novos instrumentos da memória, como a fotografia, o filme doméstico, o vídeo.[15] A tese de Maffesolli, do viver o presente,[16] do omitir a temporalidade dos processos sociais, parece claudicar diante da parafernália de meios de rememoração visual e sonora, até da valorização comercial das rememorações sociais nas reedições de músicas e imagens. A proliferação dos minilaboratórios de fotografia nos fala de uma ampla temporalização do presente, uma ampla necessidade de passado na vida cotidiana, no viver o presente como recusa do seu caráter passageiro.

É o que me sugere que a fotografia vernacular, ingênua, contém uma concepção popular da irrelevância do cotidiano, destacando, antes, a pessoa ou as pessoas, descotidianizando-as. Ou seja, as fotos e as leituras das fotos pelos alunos exprimiam uma consciência do cotidiano e, ao mesmo tempo, a sua negação no destaque retratista das figuras humanas (ou de objetos específicos: animais, flores). Mas as pessoas e "o que estavam fazendo" eram induções dos cenários (indícios de classe social, modalidades de lazer etc.) a partir dos horizontes de quem via a coleção das fotos autobiográficas. As fotos e seu arranjo apenas alimentavam, na impressão do leitor, seus próprios valores visuais. A leitura expressava o modo como havia interiorizado o código visual de sua socialização. O leitor de fotografia pratica um confisco visual da imagem, remontando-a, a partir de suas insuficiências, no seu próprio código de leitura que é também o manual sintético de suas experiências e das experiências do seu ver.

Numa das turmas de meu curso de Sociologia da Vida Cotidiana, um grupo de alunos fez a experiência de montar um cenário como se fosse a sala de estar da casa de um velho solitário, à meia luz, uma poltrona antiga, objetos antigos. Recantos escuros da sala sugeriam a incógnita de conteúdos não visíveis e possíveis. Os objetos visíveis não se recortavam com nitidez na penumbra. Os visitantes chegavam à porta, limite do seu acesso, e contemplavam em silêncio a sala. Tinham a impressão de que nela havia

---

[15] Cf. José de Souza Martins, "O avesso da fotografia", *in Folha de S. Paulo (Jornal de Resenhas)*, n. 56, 13 nov. 1999, p. 3.

[16] Cf. Michel Maffesoli, *La Conquista del Presente*, Editrice Ianua, Roma, 1983.

um velho lendo um livro. Houve uma certa convergência nessa impressão. Depois de algum tempo, descobriam que na poltrona estava sentado um de seus colegas de sala, lendo um livro, o cachecol enrolado no pescoço. Há um caráter indicial dos cenários, criando a imagem antes de a imagem existir e revelar o que é. Nesse caso, fica claro o quanto da definição da pessoa e das próprias relações sociais, na modernidade, tornou-se dependente de imagens e do enquadramento do visto no imaginado. Enfim, o quanto a imagem estereotipada é hoje mediação essencial da vida social.

Nisso, há não só a negação da idéia simplificadora de que a fotografia é o congelamento de um instante e que pode, portanto, ser tratada como um corte no processo social e no cotidiano. De fato, o experimento sugeriu que a fotografia se tornou uma necessidade social, mais intensa na classe média, e relativamente menos intensa nas classes populares. A fotografia não documenta o cotidiano. Ela faz parte do imaginário e cumpre funções de revelação e ocultação na vida cotidiana. Portanto, as pessoas são fotografadas representando-se na sociedade e representando-se para a sociedade. A fotografia documenta, como atriz, a sociabilidade como dramaturgia. Ela é parte da encenação. Ela reforça a teatralidade, as ocultações, os fingimentos. Traz dignidade à falta de dignidade, ao simplismo repetitivo da vida cotidiana. As pessoas se mostram representando, mas recorrem constantemente à fotografia para mostrar-se como terceira pessoa, a verdadeira, a que não está ali na cena, mas que está na foto. A fotografia "conserta" o fato de que na vida cotidiana a *apresentação* social desmente a *representação* social. Ela é o rodapé esclarecedor da compostura, do decoro.

Clique 5: Apresentar e representar

Na fase histórica dos retratos de estúdio, isso era mais claro na vestimenta domingueira, quando as pessoas se representavam negando o trabalho e as informações do respectivo equipamento cotidiano de identificação, o traje de trabalho. Mas a crescente disseminação da fotografia vernacular contou com adaptações para dizer a mesma coisa. Não é regra, mas não é raro, que o fotógrafo amador que fotografa pessoas, parentes, amigos, conhecidos, escolha um cenário de fundo que enobreça os fotografados ou que sugira uma classe social que não é a deles. Ou então valorize um detalhe mais digno dos cenários costumeiros. Deixar-se fotografar diante de monumentos, de palácios, de casas de pessoas ricas, reforça a encenação visual. Tenta contextualizar, falsamente, o fotografado. O fotografado fora de seu lugar transporta esse lugar consigo para dentro do imaginário alienado de sua classe ou de sua categoria social.

Elisabete Jelín e Pablo Vila, antropólogos argentinos, e Alicia D'Amico, fotógrafa, publicaram um livro de Antropologia Visual, sobre favelados de Buenos Aires,[17] em que o favorecimento do documental, em detrimento do imaginário e da função da fotografia no imaginário popular, empobreceu o trabalho realizado. A fotógrafa empenhou-se em fotografar as pessoas "como elas são", como ela e os pesquisadores supunham que eram as pessoas na situação-objeto do estudo, como viviam, documentalmente, sem maquiagem. Mostradas aos fotografados, as fotografias provocaram-lhes inconformismo por aquilo que interpretaram como desconsideração e desrespeito a seu direito de se prepararem adequadamente para serem fotografados, como registraram os autores. Sua concepção de decoro pressupunha que, para constar de uma fotografia, deveriam ter tido a oportunidade de apresentar-se dignamente, para que na representação do antropólogo e do fotógrafo não fossem apresentados como acham que não são.[18]

Esse não é um problema apenas dos pobres que teriam a esconder o que os ricos, supostamente, não têm. Gisèle Freund, socióloga que foi aluna de Norbert Elias e de Theodor Adorno e fotógrafa respeitada, um dos grandes nomes da fotografia do século XX, que trabalhou para a reputada agência Magnum, viveu uma recusa similar em março de 1939, em Paris. Convidada por Adrienne Monnier, proprietária da Maison des Amis des Livres, expôs ali projeções de seus primeiros retratos em cores, de alguns

---

[17] Cf. Elisabete Jelin e Pablo Vila, *Podria ser yo: los setores populares urbanos em imagen y pPalabra.* Ediciones de la Flor, Buenos Aires, 1987, p. 7-24 [Fotos: Alicia D'Amico].

[18] "[...] fotografar a pobreza é difícil porque é difícil fotografar a falta de objetos, o vazio, a penúria". Cf. Franco Ferrarotti, op. cit., p. 33. No entanto, no meu modo de ver, a fotografia se torna social, no caso da pobreza, na presença isolada de objetos e signos da abundância desacompanhados da abundância que lhes corresponde. A contradição entre o anúncio visual do muito, que neles há, e o cenário do pouco que o emoldura é que propõe ao sociólogo, em casos assim, a leitura e a interpretação propriamente sociológicas.

dos grandes nomes da cultura francesa e européia. Um bom número deles compareceu e não poucos dos escritores não se reconheceram na obra da fotógrafa alemã.[19] E nesse caso não se tratava de vestir trajes apropriados a um registro visual destinado ao mundo externo. Nem me parece que favelados e intelectuais tenham critérios diferentes e até opostos de representação visual da pessoa. Em circunstâncias sociais radicalmente diversas, o retrato é concebido e esperado do mesmo modo, como imagem icônica, como imagem do invisível, como expressão visual de virtudes humanas e interiores, e não como mera aparência externa e mera forma.[20] Muitos de nós, aliás, não nos reconhecemos diante do espelho. A imagem interior que nos move na vida e nos nossos relacionamentos nem sempre tem muito a ver com a nossa imagem externa, a imagem do nosso envelhecimento, das nossas deformações, imagem do que o outro vê em nós.

O antropólogo e o sociólogo sempre dirão que querem fotografar as pessoas em situações em que aparecem como elas são verdadeiramente. Mas as pessoas podem dizer, com razão, que seu verdadeiro modo de ser está naquilo que querem ser e acham que são, e não naquilo que aparentam na intimidade ou fora dos cenários de ostentação, naquilo que o pesquisador acha que é sua autêntica verdade.[21] A fantasia é um dado fundante da identidade, mesmo que dela não existam evidências factuais. As pessoas são o que imaginam ser e o que querem que os outros pensem que são. Nossos processos interativos são, também, técnicas para dar vida e realidade à ficção que nos move na sociedade. Dos sentidos, a visão é o mais interativo, pois o ver é, geralmente, recíproco, aquele em que o que o outro vê interfere no que nele vejo.[22]

---

[19] Cf. Christian Caujolle, "Foreword", in Gisèle Freund, Photographer, Harry N. Abrams, Inc. Publishers, New York, 1985, p. 9.

[20] "Sejam pintados ou fotografados, os retratos registram não tanto a realidade social, mas ilusões sociais, não a vida comum, mas performances especiais." Cf. Peter Burke, op. cit., p. 34-35. Sobre os atributos próprios do ícone, como imagem do invisível, cf. Egon Sendler, L'Icona. Immagine dell'Invisibile, Edizioni Paoline, Torino, 1985.

[21] Pierre Bourdieu nos diz que há o fotografável e o não-fotografável, segundo os valores de cada classe social. Cf. Pierre Bourdieu, "Introduction", in Pierre Bourdieu et al., Un Art Moyen, op. cit., p. 24-25.

[22] "[...] o olho é destinado a um desempenho sociologicamente único", diz Simmel. Cf. David Frisby e Mike Featherstone (eds.), Simmel on Cultura. Selected Writings, Sage Publications, London, 1997, p. 111.

Tive evidências dessa concepção nas excursões fotográficas de que participei com meus alunos na favela do Jaguaré, bem perto da Cidade Universitária, em São Paulo. O padre da paróquia nos acompanhava e nos ajudava no contato com os moradores, facilitando nossa entrada e circulação numa área de acesso temido e problemático. Procurava, com razão, chamar nossa atenção para as evidências mais dramáticas de condições subumanas de vida, a miséria espantosa de barracos minúsculos, de dois metros quadrados, onde moravam famílias de trabalhadores. Enquanto isso, as pessoas, especialmente as mulheres jovens e as crianças, coqueteavam para serem fotografadas com identificações que negassem as condições em que viviam, sublinhadas pelo anfitrião.

O extremo foi um pai de numerosa família que nos pediu para esperar um pouco. Foi ao vizinho e pediu-lhe emprestada a possante e bela motocicleta azul para ser fotografado nela. Queria mandar as fotos para os parentes que ficaram no Nordeste. Não foi difícil fotografar, especialmente as crianças, limpas e arrumadas. Mesmo não dispondo de água doméstica encanada, muitas vivendo num único cômodo de restos de madeira e papelão, podia-se ver que crianças estavam sendo banhadas nos fins de tarde e nos assediavam limpas e bem vestidas. Estariam limpas e bem vestidas independentemente da nossa visita. Fora do cenário da favela nem crianças nem adultos seriam reconhecidos como favelados.

Embora se trate de uma teatralização, que também ocorre nas outras categorias sociais e, portanto, documento de um imaginário que nada tem a ver especificamente com as difíceis condições de vida dos favelados, é também uma necessidade social. O decoro na apresentação pessoal, mesmo, e, sobretudo, nos mais vulneráveis à degradação, é uma forma-antídoto de enfrentar o cotidiano que desagrega e fragmenta a vida social e individual. A foto "conserta" visualmente para si e para os outros os estragos da rotinização da vida e das diferentes formas de coisificação das pessoas; no limite, as formas perversas como essas.

Kafka, de certo modo, tratou desse tema. Gregor Samsa, em *Metamorfose*, ou o cidadão K., em *O Processo*, conduzem seus relacionamentos sociais e agem como se o absurdo não o fosse. Mesmo em face de óbvias rupturas, as pessoas fazem de conta que nada se rompeu. À descontinuidade sobrepõe-se o imperativo da continuidade e do seu teatro, que é a vida cotidiana. Em oposição à idéia da fotografia como "congelamento" de um momento do processo social, a fotografia se revela aí, justamente, um fator de introdução de um tempo prospectivo em vidas vividas como se estivessem aquém desse além fragmentariamente real e episódico do vivido, o excepcional, domingueiro e anticotidiano contraponto do solene e rebuscado. A fotografia, na cotidianidade, é uma das mediações materiais e simbólicas do vivido. O que antes estava separado por classes sociais, a uns o trabalho e a outros o desfrute e o ócio, tende cada vez mais, na sociedade contemporânea, a estar junto. E num vivencial em que a visibilidade da condição social se apóia na exacerbação do aparente e, até mesmo, na sua transformação em meta da vida acima das distinções de classe, a forma subjugando o conteúdo. Mesmo no intencional caráter documental da fotografia na sociedade atual, o que o fotógrafo documenta é o que não se esconde nos bastidores.

O fotógrafo é também protagonista da fotografia, mesmo da fotografia documental. Martin Chambí, o notável fotógrafo indígena peruano, era fotógrafo da elite branca. Mas sua fotografia registra de certo modo a indianidade perdida, a folclorização do índio. Pequenos detalhes de luz e sombra em suas fotos de indígenas realçam a nobreza insubmissa das feições e das posturas. Revelam o quanto era intencionalmente indígena aquele Chambí disputado como fotógrafo da elite crioula e branca. De certo modo, nas notórias distinções que há em suas fotos, entre índios e brancos, Chambí é o fotografado invisível.

Algo parecido, porém como personificação do contrário daqueles com os quais o fotógrafo tem apenas uma identidade ideológica, pode-se notar nas fotografias de Sebastião Salgado. Os "excluídos" estão lá, na fratura de seu cotidiano, no cotidiano impossível em sociedades e situações em que a repetição é a negação da reprodução e da possibilidade da vida cotidiana. Identificado com o discurso ideológico da nova esquerda popular, na América Latina e em outras partes, vê no drama dos pobres a busca da sociedade alternativa, quando as próprias fotos demonstram que todos buscam uma brecha de entrada na ordem capitalista que os rechaça. Portanto, populações cujo cotidiano é a impossibilidade da cotidianidade.

Esse alheamento em relação à cotidianidade aparece nas fotos dos documentaristas que registram a vida cotidiana dos marginalizados, os "excluídos", em todas as partes. Os que estão à espera, os que não vivem, sobre-vivem. O "fotografar-se", no ato fotográfico do fotógrafo que não sai na fotografia, tornou-se lugar-comum na fotografia popular e não raro banal. Com mais facilidade, na fotografia sem estilo nem criação, a foto se torna uma espécie de teste projetivo das minúcias cotidianas que têm sentido na visão de mundo dos simples. É, desse modo, modalidade de fotografia com mais facilidade passível de leitura e interpretação sociológica porque documenta uma mentalidade e porque documenta uma necessidade social, a necessidade de uma imagem do imaginado.[23]

Clique 6: Finalmente

A invenção da câmera de rolo de filme, por George Eastman, nos Estados Unidos, em 1888, colocou a fotografia nas mãos do homem comum, com ampla e arbitrária possibilidade de uso. Já não havia as limitações físicas do equipamento profissional. A nova máquina portátil podia ser carregada por qualquer um para qualquer lugar. O lema publicitário dessa

---

[23] Na obra do fotógrafo cego Evgen Bavcar, que é fotografia com estilo próprio, temos evidência propriamente sociológica de como a fotografia se torna um instrumento da modernidade e, portanto, da complexidade de sua realização e de sua leitura, mesmo a fotografia popular. Bavcar fotografa, mas não pode ver nem o que está fotografando nem a fotografia que resulta do ato fotográfico. Ele "vê" através de indícios não visuais, por meio da audição, do olfato e do tato, coisa que os que vêem também fazem, mas não sabem, porque subjugados por uma espécie de ditadura do olhar, ditadura que é intensa nos urbanos e muito menos intensa nos rurais e muito mais intensa na classe média do que na classe operária. Por outro lado, a fotografia de Bavcar é apenas para os "outros" verem, já que ele próprio não pode vê-la. No entanto, ele a vê através de como os outros lhe dizem que estão vendo suas fotos. Mas não assume, necessariamente, a subjetividade desse ver alheio. Escolhe, nas impressões que lhe passam, aquilo que corresponde à imagem que construiu na sua imaginação, filtrada, agora, pelo conjunto desencontrado dessas impressões. A importância sociológica da singular condição de fotógrafo de Bavcar está no fato de que a fotografia se propõe como aquilo que efetivamente é, documento de um jogo de imaginações, e não, principalmente, documento de figuras e contornos; documento de processos interativos, e não documento de um olhar solitário. Sobre a exposição de Bavcar, no Centro Maria Antônia, em São Paulo, em 2003, cf. Maria Hirszman, "A multiplicidade do olhar de Evgen Bavcar", in *O Estado de S. Paulo* (*Caderno 2*), São Paulo, 15 de maio de 2003. Sobre a mediação dos diferentes sentidos na interação social e suas determinações de classe social (a visão, a audição, o olfato), no subúrbio operário, cf. José de Souza Martins, *A Aparição do Demônio na Fábrica*, Editora 34, São Paulo, 2008.

câmera foi bem expressivo: "você clica e nós fazemos o resto". O apareci-mento da chamada "fotografia cândida" ou "fotografia vernacular", a foto popular feita com esses recursos simples, a fotografia reduzida ao clicar, deu origem a um registro visual da realidade que é completamente diverso do registro profissional. Em cada caso, estamos em face de uma mentali-dade diferente, modos diferentes de ver e fotografar, bem como modos diferentes de "ler" e interpretar a fotografia.

Aparentemente, a câmera simples colocou a fotografia na vida cotidiana e fez da fotografia um registro do cotidiano. Só aparentemente. É muito pouco provável que nas coleções domésticas de fotografias obtidas por câmeras populares se encontrem registros do que seja propriamente a vida cotidiana. Se entendermos que o cotidiano é o repetitivo e o reprodutivo, o banal, a câmera popular permite trazer a imagem fotográfica para o âmbito do reprodutivo, ela própria mercadoria. Mas a mercadoria não é apenas o produto. É também a sua realização, o seu consumo ou o seu uso e o modo cultural e socialmente determinado como é feito. O uso da câmera é uma das determinações da produção fotográfica popular. É nisso que reside a contradição da fotografia. Ela inscreve a imagem banal no reprodutivo, sem dúvida, a imagem que pode ser multiplicada, que foge da sina do único e irrepetível.

Mas, ao mesmo tempo, o usuário não profissional da máquina fo-tográfica, o homem comum, fotografa na intenção de desbanalizar o banal. A câmera popular se inscreve no cotidiano, usada, porém, para negar na imagem esse mesmo cotidiano. A fotografia se insere num certo imaginário e numa certa vontade social, no imaginário da ascensão so-cial. Reprodutiva, torna-se, no entanto, instrumento do domingueiro e do excepcional. Tende, portanto, para a mesma lógica das fotografias de estúdio, ainda que sendo completamente diferente. O trajar para ser fotografado, o traje como equipamento de identificação, cria para o fo-tografado uma identidade domingueira, que tenta escapar do reprodu-tivo, que nega o trabalho e afirma o ócio de quem vive do trabalho. Portanto, as fotografias ingênuas do senso comum popular, usualmente, não retratam nem documentam o cotidiano. Elas nos falam de uma in-gênua contestação do cotidiano, sua recusa, a recusa do cotidiano como momento do trabalho. De certo modo, o que temos na fotografia ingênua é um desdobramento da lógica de estúdio. Documenta, porém, o cotidiano na tensão que o caracteriza, na luta permanente para superá-lo. Mais do que a maioria dos indícios dessa tensão, a fotografia evidencia que a concepção de que o cotidiano é simplesmente o repetitivo e o reprodutivo é uma concepção pobre do que ele é.

O imaginário próprio da vida cotidiana, entendida como o modo de vida da modernidade, é um imaginário fugidio. Não tem a durabilidade nem a permanência do imaginário das sociedades tradicionais, constitutivo e expressão duradoura de um modo de ser coletivo. Na modernidade, que é sobretudo o modo de ser da sociedade funcional e utilitária do esquecimento, o imaginário cumpre funções tópicas. Reveste de coerência e de sentido o fragmento, o agora, a particularidade, fazendo da vida social uma estratégia de criativas improvisações.

Sem que ele tenha tido tal compreensão do problema, nessa perspectiva, é o que no fundo descobre Garfinkel com a sua proposta de uma etnometodologia, o estudo do método que o homem comum e cotidiano utiliza para compreender e resolver as irracionalidades tópicas da vida cotidiana.[24] É, ao mesmo tempo, o modo como esse homem comum maneja as dificuldades de sua alienação. Compreende as dificuldades do fragmentário e cotidiano como um modo de ajustamento à dificuldade maior de compreender as contradições de que essas irracionalidades resultam e que não podem ser superadas nem no plano individual nem no plano dos relacionamentos sociais propriamente cotidianos e da interação face a face. Não é diferente a dramaturgia social de Goffman: o horizonte social circunscrito ao palco imaginário dos relacionamentos cotidianos, enriquecido pela cultura do álibi, da mentira sancionada, do fingimento, a vida como ficção teatral.[25] E nos bastidores, na intimidade dos cúmplices ou na sua solidão, a possibilidade do verdadeiro, da autenticidade, da desobrigação de remendar continuamente as fraturas abertas a todo o momento pelo desencontro estrutural e histórico entre o que faz o homem contemporâneo e o que é o homem contemporâneo. É o que

---

[24] Cf. Harold Garfinkel, *Studies in Ethnomethodology*, Prentice-Hall Inc., Englewood Cliffs, 1967.

[25] Cf. Erving Goffman, *A Representação do Eu na Vida Cotidiana*, 6. ed., Editora Vozes, Petrópolis, 1995 ["A arte de manipular impressões"], p. 191-217.

torna a vida cotidiana rica de alternativas e estratégias e pobre de sentido porque cheia de enigmas que se expressam no quanto somos desconhecidos de nós mesmos, ainda que em face do espelho.

O único modo de fazer da fotografia um espelho é atravessar o espelho, como na ficção de Lewis Carroll, que também era matemático e fotógrafo. Não só em sua obra de ficção a inspiração do negativo propõe a visualidade do avesso. Também no positivo espelhado, alcançado pela cultura da reversão fotográfica, Carroll explora o caráter ficcional da fotografia, opondo contrastes e contrários. Um mesmo cenário fotográfico pode contar mensagens opostas, dependendo de outros componentes da fotografia.

É o que se vê em dois famosos retratos feitos por ele, em 1858, no jardim da casa do Deão, no Christ Church College, em Oxford, de que era membro. São fotos de Alice Liddell, filha do Deão, a menina inspiradora de *Alice no País das Maravilhas* e de *Alice do Outro Lado do Espelho*. Numa ela está vestida da pior maneira e noutra, vestida da melhor maneira; numa como pobre e noutra como Alice. De certo modo, os opostos estão também nas opostas condições sociais personificadas por Alice, numa demonstração do caráter ficcional e dialético do retrato fotográfico decomposto em duas fotos do mesmo cenário. Uma das fotos é "The beggar maid" [*Figura 5*] e a outra é "Alice Liddel dressed in her best outfit" [*Figura 6*]. [26] Numa, Alice é um fingimento, é o que a pequena nobreza via nos ínfimos; na outra, Alice é ela mesma, o que os adultos de condição viam em suas crianças. Nesta, Alice é o gesto e a pose de classe social; naquela é Alice nos mesmos gesto e pose, porém no desconforto teatral do fingimento, no desajuste entre o vestuário e o corpo, entre o que se parece e o que se é.

Atravessar o espelho é buscar no avesso e no absurdo do contrário o sentido do que não tem sentido, crivar de indagações as possíveis revelações do negativo (e do positivo!). [27] É buscar os detalhes e fragmentos do conjunto que constitui o *studium* da fotografia, de que nos

---

[26] Cf. Roger Taylor e Edward Wakeling, *Lewis Carroll, Photographer*, Princeton University Press, Princeton, 2002, p. 62-63.

[27] "O primeiro encontro de um indivíduo com o inventário fotográfico do horror extremo é uma espécie de revelação, o protótipo da revelação moderna: uma epifania negativa." Cf. Susan Sontag, *Sulla Fotografia*, op. cit., p. 18.

fala Roland Barthes, o que nela nos encanta como obra. Mas, também, na demora do que nela golpeia o nosso olhar, fere a nossa sensibilidade, convoca nossa atenção e nossa reflexão, o que faz daquela fotografia a imagem única, irrepetível, invulgar, o seu *punctum*.[28] O que é aparentemente secundário e até imprevisto na composição da imagem, que permite desconstruí-la para compreendê-la e compreendê-la para compreender a sociedade que por meio dela se propõe e se imagina. Se na fotografia há um *punctum* que atrai o olhar e contém o indizível, como observa Etienne Samain,[29] há também o secundário, o irrelevante, o meramente indicial, o ocasional, o imperceptível a olho nu, isto é, a ocultação que há em toda composição fotográfica.

A fotografia é a busca do espelho que não mente, da durabilidade, da permanência, da nossa inteireza. De certo modo, na cotidianidade, que é o seu tempo, a fotografia não documenta a vida cotidiana senão nas suas carências e absurdos. O amor pela fotografia é o amor pelo ausente e é luta contra os mistérios da ausência. Nesse sentido, há na cultura do objeto fotográfico um certo remanescente da sociedade tradicional, que permanece sutilmente oculta no mundo contemporâneo como desejo de totalidade, como repulsa da fragmentação e do estranhamento.

Mas a fotografia é também o substituto material e precário dos mortos que se foram, banidos da cotidianidade e da modernidade.[30] Já não há lugar para eles na memória coletiva, senão em dias e ritos circunscritos de um tempo cada vez mais curto. Ao mesmo tempo, aquela ânsia de permanência que o progresso instalou na alma da sociedade contemporânea, a que se

---

[28] A conceituação de *studium* e *punctum* é de Roland Barthes. Constitui fundamental referência para a compreensão da fotografia na dialética que há entre o olhar do operador (o fotógrafo) e o do espectador (quem a vê). Sobretudo, em Barthes, a fotografia escapa do referencial da pintura e da concepção de obra em si para entrar na concepção propriamente fotográfica, da sociedade contemporânea, como criação imaginária do que é para quem a vê, muito mais do que como mera produção química e mecânica de quem a produziu. Cf. Roland Barthes, op. cit., *passim*.

[29] Cf. Etienne Samain, "Um retorno à Câmara Clara; Roland Barthes e a antropologia visual", *in* Etienne Samain (org.), *O Fotográfico*, Editora Hucitec/CNPq, São Paulo, 1998, p. 130-131.

[30] Bazin destaca o lugar da imagem, nas sociedades antigas, e da fotografia, na sociedade contemporânea, em face da morte e, nela, da corrupção física do corpo. Cf. André Bazin, op. cit., p. 238 e 242.

referiu Weber,[31] é também modo de desconhecer a morte, de substituí-la. A fotografia é um desses sucedâneos da morte e expressão da vida depurada da morte que lhe é inerente e inevitável. É o sucedâneo próprio de uma sociedade em que o moderno horror à morte é também apreço pela imagem do outro, mais do que pela vida do outro. Numa sociedade de coisas e de coisificações, não é estranho que a imagem, coisificada num pedaço de papel ou numa tela de computador, restitua aos viventes um certo relacionamento pacífico com a finitude. Se isso é difícil de constatar numa sociedade de quem já se acostumou com a realidade das substituições e das cópias, não o é nas fímbrias do mundo moderno.

Nos longos anos de percurso do meio rural, em particular da Amazônia, freqüentemente me defrontei com a realidade-limite da fotografia. A disseminada pobreza não permite que a fotografia se apresente ali com a abundância que a caracteriza nas cidades. Como acontecia nos primórdios da fotografia, ali ainda é comum o fotógrafo que ganha seus trocados fotografando os mortos. Até mesmo colocando o caixão em posição vertical para que a família possa posar ao lado do parente morto: a primeira fotografia da pessoa sendo de fato a sua última. Um rito adicional no elenco dos ritos funerários, algo que ainda não substitui determinadas práticas, mas que se acrescenta a elas para, com o tempo, substituí-las. Sinal, também, de que ali a memória social claudica, ameaçada pelo tumulto do advento de mercadorias e da generalizada mercantilização do vivido e do viver que vão além daquelas do costume, as da sobrevivência.

Nesse novo mundo de incertezas e de mortes precoces, desaparecimentos e violências, a fotografia cumpre uma função que deforma a memória: põe no lugar da memória afetiva, do relacionamento simbólico pelo qual as pessoas permanecem com os seus, o mero retrato, descomprometido com os relacionamentos vitais do grupo. Não é estranho que haja índios e também camponeses, que recusam sujeitar-se ao ato fotográfico, não raro temerosos da força viva da imagem. É como se fosse ela memória substantiva, capaz de reter a alma do fotografado e torná-lo dócil e submisso ao poder de quem tem a sua fotografia. Mesmo numa cidade grande como São Paulo, prolife-

---

[31] Cf. Max Weber, *Ciência e Política. Duas Vocações*, trad. Leônidas Hegenberg e Octany Silveira da Mota, Editora Cultrix, São Paulo, 1970, p. 31.

ram cartazes anunciando madames que fazem "amarrações de amor", que atam para sempre a mulher desamada ao homem que deseja ou o homem desamado à mulher que deseja e não o quer. Objetos de uso pessoal, roupas, sangue, fiapos de panos e fotografias se combinam nesses rituais em que a foto de alguém é tratada como um fragmento de sua pessoa. A forma indicial da fotografia já está aí nessas manifestações rituais do senso comum, capturada por curandeiros e feiticeiros antes mesmo de ser cogitada pelos sociólogos como documento das mentalidades e das realidades sociais.

Usos e funções da fotografia não a recomendam como documento qualificado da vida cotidiana, enquanto modo de vida e concepção da vida que aboliu a dimensão mágica e religiosa de seus ritos seculares, de suas estratégias e de seu teatro. Mas a recomendam, na perspectiva de sua utilidade social, como documento do imaginário contraditório, em crise, do homem contemporâneo. Curiosamente, embora seja a fotografia um dos produtos mais característicos do aparecimento da sociedade moderna, o tempo da fotografia não é necessariamente afirmação plena e substantiva da modernidade. Está no limite das transições, no mundo de temores da finitude e da morte. A fotografia documenta as mentalidades de quem fotografa, de quem é fotografado, e de quem a utiliza, problemáticas agregações à sua polissemia.

Isso nos leva para o outro lado do que se pode chamar de mundo da fotografia. O do fotógrafo profissional, do que não fotografa com a perspectiva e os valores da ingenuidade do homem comum. É que, no meu modo de ver, só é sociologicamente documental a fotografia que é fotograficamente estética.[32] A fotografia que expressa uma visão do mundo insubmissa à fragmentação e à banalização, a fotografia que proclama valores

---

[32] Eugène Atget, fotógrafo que morreu em 1927, foi autor de obra fotográfica marcada por uma certa diversidade de interesses temáticos, de que sobressaem as fotografias de rua, especialmente imagens do não-convencional e visualmente dominante. Não obstante o seu aparente descompromisso com estilos e escolas de orientação artística, sua obra foi "capturada" ideologicamente pelos surrealistas após sua morte. Censurando-a, escolheram para exibição e divulgação as fotografias que confirmassem a estética surrealista e os correspondentes temas, especialmente a rua, deixando de lado as fotos que fez do campo e de lugares históricos. Cf. Guillaume Le Gall, "Atget, figure réfléchie du surréalisme", in *Études Photographiques*, n. 7, maio de 2000. O caso da relação dos surrealistas com a obra de Atget sugere que aos sociólogos da imagem convém evitar a premissa de uma polarização entre fotografias ingênuas e fotografias artísticas, para reconhecer justamente que nas fotos cujos autores lograram a elaboração estética da imagem há mais informação sociológica e que a fotografia vernacular nem por isso é menos documental.

universais no cotidiano, que faz a crítica da fragmentação e do cotidiano. Refiro-me aos conteúdos desconstrutivos, às complementações cênicas e às citações, da composição fotográfica, herança sem dúvida da pintura anterior à fotografia. Nessa modalidade de fotografia que estão retidos os indicadores daquilo que nega a pobreza visual e, muitas vezes, material do que é fotografado. A fotografia estética, usada documentalmente, como em Henri Cartier-Bresson, Pierre Verger ou Sebastião Salgado, leva ao extremo as possibilidades sociológicas da fotografia.

O interesse pela influência do surrealismo na fotografia documental, e por seu lugar na sociologia, justifica-se pela busca propriamente sociológica de cenários e referências visuais críticos e inconstituídos, transitórios e cotidianos, no trabalho fotográfico. A rua como lugar de uma sociabilidade tensa e crítica e, por isso, opção política dos surrealistas é bem indicativa da busca das mediações totalizantes e em movimento que podem dar à fotografia a qualidade propriamente documental, porque estética.[33] Caso em que o sociólogo, para ser seu próprio fotógrafo, deve ser bem mais do que mero técnico da câmera. A opção por esses pressupostos estéticos não o priva, porém, da possibilidade de incorporar como documento de sua análise a fotografia de terceiros. Um dos maiores nomes da fotografia no século XX, Henri Cartier-Bresson, teve sua formação em pintura e foi pintor antes de se dedicar à fotografia. Também esteve ligado aos surrealistas. Entre o seu período como pintor e o período como fotógrafo propriamente documentarista, há um período intermediário em que, embora fosse fotógrafo, seu trabalho fotográfico estava marcadamente influenciado pela pintura.[34]

Aqui, portanto, a preocupação propriamente estética do fotógrafo é que liberta a fotografia, sociologicamente analisável, da pobreza do raciocínio linear que a vê como equivalente de outros instrumentos de investigação sociológica e, portanto, como mero enriquecimento quantitativo dos métodos disponíveis.

---

[33] Para um consistente estudo da relação entre a fotografia e o surrealismo, cf. Susan Rubin Suleiman, "Between the Street and the Salon: The Dilemma of Surrealist Politics in the 1930s", *in* Lucian Taylor (ed.), *Visualizing Theory*, Routledge, New York / London, 1994, p. 143-158.

[34] Cf. Peter Galassi, *Henri Cartier-Bresson. The Early Work*, The Museum of Modern Art, New York, 1987, *passim*.

60 SOCIOLOGIA DA FOTOGRAFIA E DA IMAGEM

Diferentes fotógrafos, em diferentes ocasiões, deram sofisticadas demonstrações de competência no dimensionamento estético da fotografia, de modo a provê-la de informações visuais totalizantes e desconstrutivas. Cito, ao acaso, os retratos de Henri Cartier-Bresson, em que é notória a intenção do fotógrafo de incluir na composição elementos que façam da fotografia não só o documento de um rosto ou de um corpo, mas também o documento de uma personalidade, de uma mentalidade e de um mundo.[35]

É compreensível que um fotógrafo do porte de Cartier-Bresson tenha formulado a concepção de *momento decisivo* como uma referência fundamental da fotografia, particularmente de sua fotografia.[36] A idéia de *momento* remete a fotografia para o inevitável de sua inserção na vida cotidiana e no banal, daquilo que flui sem ficar. Mas a idéia de *decisivo* remete a fotografia para a sua dimensão propriamente estética, para aquilo que faz do que é passageiro o tema da fotografia que permanece, a chispa esperada e imaginada que reveste a fotografia de sentido porque a remete aos parâmetros da criação e da universalidade do humano.[37]

Na tese de Bresson existe a recusa do casual, do mero clicar como sinônimo do fotografar ainda que para documentar. O *momento decisivo* permite a Cartier-Bresson conciliar, em sua obra fotográfica, o fotógrafo e o artista que ele era, pintor e gravurista respeitado.[38] Se o artista tem diante de si o objeto de sua arte, que a ele se submete calma e docilmente, já o mesmo não ocorre com o fotógrafo documentarista, que fotografa acontecimentos, objetos constituídos no átimo do que é fugaz, a mais passageira das dimensões dos processos sociais. Portanto, o fotógrafo, que espera do ato

---

[35] Henri Cartier-Bresson, *Tête-à-tête. Retratos de Henri Cartier-Bresson*, op. cit.

[36] Cf. Henri Cartier-Bresson, *The Mind's Eye*, op. cit., ["The decisive moment"], p. 20-43.

[37] Na concepção de momento decisivo, de Cartier-Bresson, há uma tensão entre o histórico e o cotidiano (ou entre o monumental e o banal, ou entre o estético e a rua). Cf. Jacques Rancière, "O instante decisivo forjado", *in Folha de S. Paulo (Caderno Mais!)*, 27 jul. 2003 (trad. Bluma Waddington Vilar). Nesse sentido, a motivação estética por trás dessa orientação no ato fotográfico é essencialmente documental. De certo modo, o momento decisivo de Cartier-Bresson força e expõe a tensão entre o histórico e o vivencial para fazer do objeto de sua fotografia um documento da vida cotidiana socialmente (e historicamente) situada.

[38] Uma esclarecedora apreciação conjunta da obra do Cartier-Bresson pintor e gravurista e do Cartier-Bresson fotógrafo é a de Jean-Pierre Montier, *Henri Cartier-Bresson and the Artless Art*, Thames and Hudson Ltd., London, 1996.

fotográfico a foto que sobreviva ao instante e permaneça densa de sentido e rica de expressão, deve munir-se da paciência para que a composição não cotidiana do cotidiano se desenhe subitamente diante de sua objetiva sem se diluir no seu caráter fugidio, banal e propriamente cotidiano.

A idéia sociologicamente densa do *momento decisivo* opõe-se frontalmente à banalidade anti-sociológica do flagrante e do congelamento. O flagrante, para chegar à Sociologia, depende do que no casual e no repentino se fixou em imagem fotográfica. Depende, então, de paciente busca na imagem já feita, quase sempre improfícua, não raro com resultados ingênuos e simplistas. A fotografia que expressa e documenta o *momento decisivo* chega à Sociologia com um quadro visual de referência que é em si interpretativo, com o deciframento da imagem já proposto esteticamente, socialmente dimensionado, na tensão entre a obra fotográfica e a imagem fotográfica. O flagrante é um acaso; o momento decisivo é uma construção, uma espera elaborada, esteticamente definida. Não é acidental que o fotógrafo procure previamente o cenário em que transcorrerá a cena do que vai fotografar.

Na estética fotográfica, a fotografia propõe a simplicidade das coisas e pessoas fotografadas, das situações sociais que são objeto do ato fotográfico, como imagens que têm sentido, o sentido do belo, do dramático, do trágico, do poético que efetivamente há no que parece banal, repetitivo e cotidiano. É como a pintura holandesa do século XVII, que se volta para cenas da vida cotidiana nascente, com a burguesia mercantil, e as descreve visualmente com o olhar refinado da arte que fora monopólio da nobreza e da Igreja. Nela se reconhece que os detalhes e minúcias, tão próprios da valorização burguesa do mundo presente e material, têm uma beleza plena de enigma e de sentido, não a beleza que explica didaticamente os mistérios do transcendental, mas a beleza que propõe à razão o desafio dos desvendamentos, do ver "atrás" e além do cotidiano. "Moça com brinco de pérola", de Jan Vermeer (1632-1675), como praticamente toda a pintura desse autor, é apenas uma das muitas indicações da importância do detalhe e do fragmentário no novo cosmos burguês do belo.

Se há sentido sociologicamente apreensível e compreensível na vida cotidiana, que possa se evidenciar na imagem fotográfica, só a dimensão propriamente estética da fotografia, como intencional obra de arte, pode documentar suas tensões e o invisível das ocultações que lhe são próprias. A estética fotográfica propõe uma perspectiva crítica sociologicamente desafiadora ao registro fotográfico documental, ao expor suas insuficiências e sua cinzenta banalidade. O ver estético da fotografia erudita é que pode levantar o véu dos mistérios do viver sem graça.

2

A imagem incomum:
a fotografia dos atos de fé no Brasil[*]

Reflexões introdutórias sobre uma sociologia do conhecimento visual

A fotografia, na perspectiva sociológica ou antropológica, sabemos, não esgota suas funções cognitivas nos temas cuja visualização permite.[1] Por trás da fotografia, mesmo aquela com intenção documental, há uma perspectiva do fotógrafo, um *modo de ver* que está referido a situações e significados que não

---

[*] Trabalho apresentado no *Symposium on Popular Religion and Visual Culture in Brazil*, organizado pelo Centre for Brazilian Studies e pelo Pitt Rivers Museum, da Universidade de Oxford (Inglaterra), no Ashmolean Museum, em 1º de fevereiro de 2002.

[1] Identifico-me com as mesmas preocupações teóricas de Elizabeth Edwards quanto à situação do trabalho fotográfico no limite dos campos específicos da Antropologia e da Fotografia (Cf. Elizabeth Edwards, "Border practices: Photography and Anthropology", *in Acts of Faith. Brazilian Contemporary Photography*, BrazilConnects/Pitt Rivers Museum, Oxford, 2001, p. 11-14; Elizabeth Edwards, "Beyond the boundary: a consideration of the expressive in photography and anthropology", *in* Marcus Banks e Howard Morphy (eds.), *Rethinking Visual Anthropology*, Yale University Press, New Haven e London, 1997, p. 53-80). Interesso-me especialmente pela interação de códigos nos vários limites que demarcam o território dos usos possíveis da fotografia e definem a sua polissemia. É nessa perspectiva que o sociólogo pode produzir uma sociologia do conhecimento visual. Uma esclarecedora revisão crítica e histórica do tema, em particular da relação entre o icônico e o indicial, encontra-se no ensaio de Philippe Dubois, "Da verossimilhança ao índice", *in* Philippe Dubois, *O Ato Fotográfico e Outros Ensaios*, trad. Marina Appenzeller, 2. ed., Papirus Editora, Campinas, 1998, p. 23-56.

são diretamente próprios daquilo que é fotografado e daqueles que são fotografados.[2] Mas referido à própria e peculiar inserção do fotógrafo no mundo social. Sem contar, é claro, as limitações propriamente técnicas da fotografia que chegam a ter repercussões culturais duradouras. Um bom exemplo é que nas populações sertanejas do Brasil ainda hoje, mesmo em face de câmeras ultra-rápidas, as pessoas se perfilem diante da máquina, o corpo enrijecido, a respiração contida. Algo que, a rigor, nada tem a ver com a fotografia na atualidade, embora seja de fato memória de um tempo em que a fotografia dependia de exposições longas e até de poses predeterminadas. Freqüentemente, o fotografado tinha que contar com o apoio de algum meio, disfarçado, como a cadeira de espaldar alto, um poste, uma parede, um portão, para manter-se imóvel pelo longo tempo necessário ao ato de fotografar.

Mas há também dimensões, significações e determinações ocultas na realidade fotografada. O verossímil não é necessariamente o verdadeiro e, certamente, não é o concreto, embora seja o real. Por seu lado, ao fotografar, o fotógrafo imagina. Também o sociólogo e o antropólogo, ao fotografar, *imaginam*, do mesmo modo que imaginam quando fazem suas outras formas de registro, mesmo que se possa e até se deva pensar numa *imaginação fotográfica* (ou numa imaginação sociológica, como propõe C. Wright Mills).[3] De Margareth Mead a Oscar Lewis, a história do trabalho antropológico registra e reconhece vários episódios e orientações imaginativas, de natureza valorativa, que afetaram os rumos de observações e descobertas.

A *imaginação fotográfica* envolve um *modo de produção de imagens fotográficas*, a composição e a perspectiva, o apelo a recursos técnicos para

---

[2] "[...] embora cada imagem contenha um modo de ver, nossa percepção ou apreciação de uma imagem depende também do nosso próprio modo de ver". Cf. John Berger, *Ways of Seeing*, Penguin Books, London, 1977, p. 10.

[3] Mills assinala: "A imaginação sociológica permite ao seu possuidor compreender o cenário histórico mais amplo quanto ao seu significado para a vida interior e para a trajetória exterior da diversidade de indivíduos. Ela permite ter em conta como os indivíduos, no tumulto da experiência cotidiana, estão com freqüência falsamente conscientes de suas posições sociais. [...] A imaginação sociológica nos permite captar a história e a biografia e a relação entre ambas na sociedade." Cf. C. Wright Mills, *La Imaginación Sociologica*, Fondo de Cultura Económica, México-Buenos Aires, 1961, p. 25-26. No meu modo de ver, por motivações estéticas ou documentais, a *imaginação fotográfica* se manifesta na busca dos desconstrutores do visível, como ocorre com alguns dos fotógrafos cujas obras foram incluídas nesta mostra. É nessa perspectiva que o "falsamente consciente" pode ser revelado.

escolher e definir a profundidade de campo, enfim um modo de construir a fotografia, de juntar no espaço fotográfico o que da fotografia deve fazer parte e o modo como deve fazer parte. O chamado "congelamento" do instante fotográfico é na verdade a redução das desencontradas temporalidades contidas nos diferentes componentes da composição fotográfica a um único e peculiar tempo, o *tempo da fotografia*.

É nessa construção, nessa redução dos tempos da realidade social ao espaço da imagem fotográfica e ao seu tempo aparentemente único, que o fotógrafo imagina, isto é, constrói a sua imagem fotográfica, aquilo que quer dizer através da fotografia. Mas, das expressões de um rosto aos elementos simbólicos do vestuário e da circunstância da fotografia, inevitavelmente agrega à imagem fotográfica os decodificadores que a "descongelam", isto é, que revelam a dimensão sociológica e antropológica do que foi fotografado. Se a fotografia aparentemente "congela" um momento, sociologicamente, de fato, "descongela" esse momento ao remetê-lo para a dimensão da história, da cultura e das relações sociais. O "congelar" não é mais do que o sublinhar elementos de referência de um imaginário cujo âmbito não se restringe ao reducionismo dos supostos "congelamentos". O pressuposto de que a fotografia é um ato de "congelamento" não é mais do que ideologia do ato fotográfico, algo bem distante da apreciação propriamente científica do que é a fotografia.

Os fotografados também imaginam, e se imaginam, e são agentes e personificações das estruturas e dos processos sociais de que têm apenas uma compreensão imaginária ou, simplesmente, ideológica.

Portanto, decifrar o que se esconde por trás do visível (e do fotografável) continua sendo um desafio para os cientistas que se documentam com expressões visuais da realidade social. Um desafio, sobretudo, de natureza metodológica. Talvez as coisas fiquem um pouco mais fáceis se pudermos lidar com a documentação visual, especialmente com a fotografia, enquanto meio de compreensão imaginária da sociedade, e abrirmos mão, de vez, da ilusão de ter na fotografia um documento socialmente realista e objetivo.[4] As fantasias, as ilusões, as distorções, os equívocos de interpretação

---

[4] É útil aqui o lembrete de Adorno sobre o método na Sociologia: "Em geral, a objetividade da investigação social empírica é de método, não do investigado." Cf. Theodor W. Adorno, "La sociología y la investigación empirica", *in* Max Horkheimer e Theodor W. Adorno, *Sociologica*, trad. Víctor Sánchez de Zavala, Taurus Ediciones S.A, Madrid, 1966, p. 277.

de senso comum, as expressões de "falsa consciência" ou de auto-engano, também são documentos relevantes para as ciências sociais, para o estudo das mentalidades e das relações entre consciência social e relações sociais. Até porque outras tantas fantasias entram cotidianamente no jogo dos relacionamentos sociais face a face, até de modo mais ou menos consciente.[5] É nesse jogo que os processos interativos são surpreendidos e analisados pelo sociólogo. O jogo, isto é, a encenação, o relacionamento apoiado no imaginário, como premissa do ato de desvendamento próprio do conhecimento sociológico, que dele difere e a ele se opõe.

Mesmo que consigamos fazer uma etnografia dos elementos da composição fotográfica e consigamos, portanto, desconstruir os tempos da fotografia para chegar à realidade social que ela pretende documentar, estaremos em face de algo que é outra coisa, diversa daquilo que "estava lá" no momento do ato fotográfico. Teremos que admitir que essa realidade não é mais ela mesma, e sim uma realidade mediada pelo tempo da fotografia, pelo olhar e pela situação social do próprio fotógrafo, por aquilo que ele socialmente representa e pensa. Isto é, pelas ênfases que na composição decorrem do ato fotográfico, pelos objetos e temas que, desse modo, são colocados no horizonte visual da sociedade e de seus membros. Com a fotografia, a sociedade passa a ver mais e a ver menos ao mesmo tempo, porque passa ver através da mediação de um instrumento técnico da sociedade racional e moderna.[6]

No entanto, eu não diria que a fotografia de interesse sociológico possa ser considerada híbrida combinação de ficção e realidade. O ilusório é sociologicamente mediação constitutiva do real. A questão tem sido, portanto, para os sociólogos, ou reconhecer-lhe a legitimidade ou rejeitá-la como documento social. A câmera fotográfica dota a sociedade moderna de um

---

[5] É o que nos sugere a sociologia fenomenológica, em particular a dramaturgia social de Goffman. Em especial, cf. Erving Goffman, *A Representação do Eu na Vida Cotidiana*, op. cit.

[6] Sobre o ver mais, através da fotografia, Claude Lévi-Strauss, que é também fotógrafo, refere-se à beleza revelada pelo olhar do instante e diz: "A fotografia agarra essa oportunidade, mostrando, e é esta a sua palavra, o instantâneo. O *trompe-l'oeil* destaca e exibe aquilo que não se via, ou que mal se via, ou se via de modo fugidio e que doravante, graças a ele, ver-se-á sempre." (Cf. Claude Lévi-Strauss, *Olhar Escutar Ler*, trad. Beatriz Perrone-Moisés, Companhia das Letras, São Paulo, 1997, p. 27). Cf., também, Robert Wicks, "Photography as a representational art", *in The British Journal of Aesthetics*, v. 29, The British Society of Aesthetics/Oxford University Press, 1989, p. 3.

instrumento de produção de uma consciência visual própria e característica da modernidade: racionaliza e tecnifica a produção da imagem, amplia a possibilidade da consciência fantasiosa e, ao mesmo tempo, libertadora nos cerceamentos do mundo da razão e da técnica. Mas uma consciência fantasiosa limitada a um eixo de referência que é a própria sociedade e sua dinâmica de tensa disputa entre produção e reprodução das relações sociais.[7] Portanto, uma consciência fantasiosa constitutiva do real e do que supomos socialmente objetivo, a representação de uma sociedade que oculta e domestica sob a razão e a racionalização algumas de suas necessidades fundamentais de expressão, de emoção, de criação e de vivência.[8]

A suposta pureza virginal da sociedade observada se perde no ato fotográfico, ao mesmo tempo em que se enriquece com a luz que advém dessas mediações e intervenências. Nesse sentido, perdem as ciências sociais no falso dilema da distinção entre fotografia documental e fotografia artística. Não só porque pode haver uma indiscutível dimensão artística na fotografia documental, como na obra fotográfica de Sebastião Salgado ou de Pierre Verger,[9] como obviamente há uma indiscutível dimensão documental na fotografia artística.

---

[7] Cf. Henri Lefebvre, *La Présence et l'Absence. Contribution à la théorie des représentations*, Casterman, Paris, 1980, p. 24.

[8] Essas tensões têm sido a referência do tema do fantasioso e do onírico na Sociologia. Bastide já havia indicado a estrutura básica de sua ocorrência ao constatar que "em nossa civilização – ocidental – estão cortadas as pontes entre a metade diurna e a metade noturna do homem" (cf. Roger Bastide, "Sociologia do sonho", *in* Roger Caillois e G. E. von Grunebaum (orgs.), *O Sonho e as Sociedades Humanas*, Livraria Francisco Alves Editora, Rio de Janeiro, 1978, p. 138). Fromm retoma o tema da consciência dividida, ao distinguir "consciência de vigília" e "consciência de sonho" (cf. Erich Fromm, "Consciencia y sociedad industrial", *in* Erich Fromm *et al.*, *in La Sociedad Industrial Contemporánea*, trad. Margarita Suzan Prieto e Julieta Campos, Siglo XXI Editores, México, 1967, p. 4.

[9] Salgado, por convicções ideológicas, recusa a interpretação de que sua fotografia seja mais do que fotografia documental e que tenha, portanto, qualquer orientação de natureza estética. Nos debates de que tem participado e em conversa pessoal que com ele tive durante a exposição *Êxodos*, em São Paulo, ouvi dele a convicta afirmação de que é um repórter fotográfico. Pierre Verger, que fez da fotografia uma obra de arte sobre a África negra e o mundo que os escravos criaram nos dois lados do Atlântico, reconhecia que, à medida que passara a ser definido como antropólogo e aceitara essa identidade, sua fotografia se empobrecera como obra de arte, tendendo para o deliberadamente documental. De fato, numa ampla exposição panorâmica e cronológica de sua obra, no Museu de Arte de São Paulo, era possível constatar o momento dessa inflexão e dessa perda.

A insistência nessa fratura limita e empobrece o campo da Sociologia Visual, o que se tornará cada vez mais grave na medida em que o amadorismo fotográfico, uma fonte documental de importância crescente na Sociologia, estará cada vez mais marcado por orientações estéticas e por um deliberado aperfeiçoamento estético do ato fotográfico. Algo cada vez mais distante da ingênua fotografia popular estudada há alguns anos por Pierre Bourdieu e sua equipe.[10]

Para o sociólogo, o importante da fotografia está no imaginário social de que ela é meio, na imaginação mediadora que suscita. O sociólogo "lê" a fotografia indiretamente, através da compreensão que dela tem o homem comum, da interpretação da vida social e da consciência social de que ela é instrumento e expressão. A Sociologia Visual poderia ser também e, talvez, sobretudo, uma *Sociologia do conhecimento visual*, Sociologia de um modo de conhecer visualmente a sociedade e suas relações sociais e um modo de conhecer a consciência social e os crescentemente diversificados meios e modos de sua expressão.

A leitura popular da fotografia, a leitura que dela faz o homem comum e cotidiano, propõe-se, sobretudo em seus usos, nas formas espontâneas de interpretá-la, nos comentários que suscita, nas recordações que viabiliza, na vivência que promove.[11] Na concepção popular da fotografia a

---

[10] Pierre Bourdieu (org.), *Un Art Moyen*, op. cit.

[11] O tratamento da fotografia como coisa morta e da morte se choca com aspectos do seu uso popular como coisa viva e como fator de vivência, de atos de afirmação da vida. Tiago Santana, um dos fotógrafos aqui considerados, cujo olhar fotográfico quase iconoclasta é um dos fatores da importância antropológica de sua fotografia, surpreendeu-se, quando da realização de sua exposição *Benditos*, no Ceará, em 2000, ao constatar que "muitas vezes, quem literalmente percorria os caminhos da exposição, chorava, se sentava em um canto e refletia ou rezava". Cf. "O olhar atento de Tiago Santana sobre os 'Benditos'", *in O Estado de S. Paulo (Caderno 2)*, São Paulo, 17 abr. 2001. Ocorre-me, também, outro fato relacionado com a "vida" da fotografia. Um dia, por mãos de missionários católicos, chegou à única aldeia subsistente dos índios Tapirapé, no Brasil central, um exemplar do denso e volumoso livro que sobre eles escrevera o etnólogo Herbert Baldus (Herbert Baldus, *Tapirapé. Tribo Tupi no Brasil Central*, Companhia Editora Nacional/ Editora da Universidade de São Paulo, São Paulo, 1970). A pesquisa de Baldus fora feita entre os anos 1930 e 1940, quando os Tapirapé estavam sendo contatados pelos brancos. Seu livro é amplamente ilustrado com fotografias dessa época, quando os Tapirapé ainda se distribuíam por mais de uma aldeia e ainda não haviam sido dizimados pelos índios Kayapó, seus inimigos tradicionais. Ao verem as fotos no livro, os Tapirapé iniciaram o pranto ritual, o choro de acolhimento dos que partiram e voltam. Como fizeram, nos anos 1970, quando reencontraram na floresta uma família de seus compatriotas extraviados e perdidos desde o último ataque kayapó, muitos anos antes. Creio que o uso do retrato fotográfico na macumba ou na feitiçaria é outra

sociedade se projeta, se propõe interpretativamente. Essa não é a única leitura possível da fotografia, mas do ponto de vista sociológico é o que se poderia definir como uma leitura documental e, portanto, uma das matérias-primas do conhecimento relativo à construção social da realidade. Refiro-me, particularmente, à Sociologia centrada nos processos interativos e na relevância da mediação simbólica que neles há, uma Sociologia que reconhece a eficácia da dimensão fenomênica nos relacionamentos e na consciência social. Portanto, uma Sociologia fundada no pressuposto de que a sociedade se propõe à interpretação sociológica como estrutura social e como processo cognitivo ao mesmo tempo. O que pede uma Sociologia do conhecimento de senso comum, na concepção de Berger e Luckmann,[12] e mesmo uma Sociologia do conhecimento na concepção clássica de Karl Mannheim.[13]

O visível e o invisível na religiosidade popular brasileira

Nesta seção, não me proponho a fazer apenas uma interpretação, uma leitura de fotografias relativas ao mundo da fé, nem a fazer apenas uma reflexão sobre o uso documental da fotografia em relação ao tema da exposição *Acts of Faith*, que reúne trabalhos de cinco conhecidos fotógrafos brasileiros.[14] Entendo que não se pode *pensar a fotografia*, nesses casos, sem *pensar o objeto da fotografia* e, também, *sem pensar o objetivo da fotografia*. *Uso*, *objeto* e *objetivo* da fotografia são temas inter-relacionados.

---

indicação da força que alguns grupos sociais reconhecem na fotografia, como representação viva, como equivalente, mais do que como mera figuração e semelhança.

[12] Cf. Peter L. Berger e Thomas Luckmann, *The Social Construction of Reality*, op. cit.

[13] Cf., especialmente, Karl Mannheim, *Ideología y Utopía. Introducción a la Sociología del Conocimiento*, trad. Salvador Echavarría, Fondo de Cultura Económica, México, 1941.

[14] Exposição realizada no Ashmolean Museum of Art and Archeology, em Oxford (Inglaterra), de 25 de outubro de 2001 a 3 de fevereiro de 2002, reunindo obras de Adenor Gondim, Antonio Saggese, Christian Cravo, José Bassit e Tiago Santana. A exposição desenvolveu-se simultaneamente com a exposição "Opulence and devotion: Brazilian baroque art".

O tema proposto pela exposição é, nessa perspectiva, rico de sugestões e desafios antropológicos e também sociológicos.[15] A obra dos cinco autores expostos trata de um dos aspectos mais complexos e mais desafiadores da cultura brasileira – a religião popular, em especial o catolicismo popular e suas manifestações, suas práticas, o imaginário que lhe dá sentido e de que é parte.[16] Não é raro que se veja em documentação assim a evidência de um certo folclorismo ingênuo do povo. E, para muitos, até um certo atraso, evidência de uma recusa em aceitar o inevitável mundo moderno. Minha compreensão vai contra essa tendência ainda muito forte no Brasil, não só nos círculos letrados, mesmo nos meios acadêmicos, mas também nas organizações políticas.

Ouvi há alguns anos, no sertão do Centro-Oeste do Brasil, uma devota cantando um belíssimo *Bendito* aprendido em Bom Jesus da Lapa, na Bahia, centro de romaria de que há fotografias nessa exposição. Lembro de uma estrofe desse canto devocional e litúrgico:

Bendito e louvado seja,
Nosso Senhor da Pobreza.
Se o pobre não trabalhar,
O rico não tem nobreza.

Nada menos idílico e folclórico do que essa expressão de uma devoção religiosa atravessada por uma consciência clara das diferenças sociais e das raízes sociais da pobreza. Uma consciência ainda referida, tanto tempo depois, ao caráter estamental da diferenciação social na Colônia: as diferenças sociais são apreendidas a partir da postura soberba dos ricos, numa época, persistente aliás, em que a postura, isto é, o dar-se a ver, era momento constitutivo e essencial da hierarquia social. Uma evidência não só de uma certa consciência da estratificação social, mas também da enorme relevância do ver e do visível na ordenação dos estamentos. O que tem sentido numa sociedade

---

[15] Alguns dos fotógrafos que participam da exposição estão presentes também no livro de Maria Luiza Melo Carvalho, *Novas Travessias. Contemporary Brazilian Photography*, Verso, London-New York, 1996.

[16] Neste texto, refiro-me principalmente às fotografias reproduzidas no catálogo da exposição, publicado sob o título de *Acts of Faith. Brazilian Contemporary Photography*, op. cit.

em que a ostentação era parte dos meios de dominação. Uma ostentação que acercava vivos e mortos do altar-mor das igrejas, como se vê na ordem dos sepultamentos nos templos católicos: mais perto do sacrário, e de Deus ali simbolizado, os mais ricos e poderosos. Portanto, uma ostentação que, de algum modo, era um regalo divino, próprio dos puros de sangue e puros de fé. Marcas de ostentação que faziam de um rico um cavaleiro calçado e do pobre um peão descalço, formas visíveis da diferenciação social. As diferenças sociais tinham que ser vistas para serem legítimas, algo que permanece na cultura brasileira até hoje. Por isso mesmo, a transgressão no dar-se a ver, o fazer-se ver com a máscara do outro, do que domina, tem sido uma forma politicamente imperceptível de protesto social dos pobres. Uma espécie de inversão carnavalesca das identidades, uma inversão alegórica.

O ver e o ver-se ficaram inscritos profundamente na realidade das relações sociais e, sobretudo, da consciência religiosa, como um poderoso resquício da fé e do ordenamento social barrocos. Um modo de vida que distinguia os que tinham estilo (e direito a tê-lo) dos que não o tinham. Não é estranho, portanto, que a difusa e lenta insurgência popular no Brasil inclua a captura da ostentação dos ricos pelos pobres, como se vê em fotos das devotas da Irmandade da Boa Morte, em Cachoeira, na Bahia, ostentando a estola sacerdotal do padre católico. E se vêem, também, em várias fotos de Tiago Santana em que aparecem beatos e beatas vestidos improvisadamente de frades, padres e monjas.[17] Uma captura de um fundamental equipamento de identificação do estamento sacerdotal, com o forte significado de uma transfiguração simbólica e imaginária.

Nela a ordem social aparece invertida, revertida através de equipamentos de identificação que transladam os humilhados e ofendidos para o âmbito do sagrado, redimindo-os simbolicamente da humilhação de sua subalternidade.[18] Não é casual, pois, que as mais significativas rebeliões popu-

---

[17] Além das fotos desse autor contidas no catálogo da exposição, remeto o leitor, também, ao livro de Tiago Santana, *Benditos*, Tempo d'Imagem, Fortaleza, 2000.

[18] Uso a concepção de equipamento de identificação no sentido em que a propõe Erving Goffman em *Internados. Ensayos sobre la situación social de los enfermos mentales,* trad. María Antonia Oyuela de Grant, Amorrortu Editores, Buenos Aires, 1970, p. 32. Goffman desenvolve essa idéia em conexão com a análise de processos interativos desidentificadores. No caso presente, as pessoas incorporam o equipamento de identificação de outro grupo social motivadas pelo intuito de se apropriar do carisma nele supostamente contido.

lares na história brasileira tenham sido, e de certo modo continuem sendo, ao mesmo tempo, um mergulho dos pobres no sagrado, na sacralidade plena. Um arrebatamento, mais do que uma efetiva revolta. Um justiçamento imaginário levado a cabo pelos pobres e injustiçados. Expressão de uma consciência social de que a injustiça é constitutiva da sociedade que a eles se propõe de cabeça para baixo, invertida pelo Maligno, que é o senhor da riqueza, dos bens materiais, dos poderes e de todas as aberrações sociais, assim popularmente concebidas. Nesse caso, através de vestes e adornos, do que identifica os agentes do sagrado, há o intento da captura do poder do trato com o sagrado, mediação essencial na construção do mundo colonial, como privilégio e monopólio dos sacerdotes consagrados.

As grandes revoltas populares no país têm estado profundamente marcadas pela mediação das crenças religiosas das populações camponesas. Mesmo nos últimos cinqüenta anos, em que o país passou por grandes transformações sociais e políticas e sofreu acentuada e generalizada modernização, os milhares de conflitos sociais envolvendo comunidades camponesas só podem ser compreendidos se levarmos em conta que a motivação religiosa tem aí desempenhado uma função central.

A migração de milhares de pessoas do Nordeste e do Centro-Oeste para a Amazônia, a partir dos anos 1950 e até hoje, lugar de numerosos conflitos camponeses, tem sido concebida pelos próprios migrantes como uma imensa romaria em direção à terra prometida. No mais das vezes, devotos do Padre Cícero deslocam-se em busca da mítica Bandeira Verde, cuja existência ele teria mencionado em suas profecias, vulgarizadas em folhetos de cordel. Tudo indica que a concepção utópica resulta de uma mescla de crenças medievais que reúne as idéias de Gioacchino Da Fiore sobre a Terceira Era, o tempo do Divino Espírito Santo, com o imaginário das Cruzadas e das peregrinações à Terra Santa.[19]

Eu mesmo ouvi, de um grupo desses migrantes joaquimitas na Amazônia, a explicação de que seguiam o rumo da Via Láctea, especialmente visível no Brasil central em certas épocas do ano, o Caminho de Santiago (o caminho de Saint Jacques, o caminho dos peregrinos de Santiago de Compostela, e referência das "jacqueries", das revoltas camponesas,

---

[19] Cf. Antonio Crocco, *Gioacchino Da Fiore e il Gioachimismo*, Liguori Editori, Napoli, 1976.

na Europa). Essas crenças se difundiram no Brasil na época da Conquista e são até hoje um dos fundamentos da religiosidade popular no país. Portanto, há nelas um certo milenarismo e um certo messianismo, não raro associados, ainda, à esperança no retorno do jovem rei D. Sebastião, de Portugal, morto no século XVI na guerra contra os mouros. Morte que custou ao reino a anexação à coroa da Espanha por um período de sessenta anos. O maior escritor sacro do Brasil e do então reino de Portugal, o Padre Antonio Vieira, foi joaquimita e sebastianista, razão pela qual chegou a ser processado pela Inquisição.[20]

As duas maiores guerras sertanejas do país, a de Canudos, na Bahia, (1896-1897) e a do Contestado, em Santa Catarina (1912-1916), foram revoltas de inspiração joaquimita e sebastianista. Nas duas, a Igreja Católica apoiou o Estado e se pôs contra os camponeses, que supunha heréticos. O maior e mais ativo movimento camponês do Brasil, na atualidade, quase um partido político, o Movimento dos Trabalhadores Rurais Sem Terra (MST), nasceu no interior da Igreja Católica. Nasceu em grupos católicos (e, em algumas regiões, também protestantes) inspirados remotamente na insurgência nacionalista e joaquimita do Padre Ibiapina, de que o Padre Cícero foi continuador, do mesmo modo que antes deste o fora Antonio Conselheiro, a figura mítica da Guerra de Canudos.

Para mim, essas referências são essenciais para compreender as personagens e as circunstâncias das fotos dos cinco autores expostos, para decifrar muitas das ocultações e revelações dessas fotografias e para situar social e historicamente a fé popular e a religiosidade que dela decorre. Eu mesmo fiz pesquisas e fotografias nesses diferentes lugares ou momentos de devoção popular – Pirapora do Bom Jesus (São Paulo), São Francisco do Canindé (Ceará), Juazeiro do Norte (Ceará), Monte Santo (Bahia), Círio de Nazaré (Belém do Pará), Aparecida do Norte (São Paulo), Trindade (Goiás), Santa Cruz dos Enforcados (São Paulo) e nas regiões de Canudos e Contestado. Quem chega a alguns desses lugares para o pagamento de promessas, é importante reconhecer, não deixa para trás a história da qual a romaria aos lugares santos é apenas momento. Os devotos reavivam e

---

[20] Cf. Padre Antônio Vieira, *Apologia das Coisas Profetizadas*, trad. do latim de Arnaldo Espírito Santo, Organização e fixação do texto de Adma Fadul Muhana, Edições Cotovia, Lisboa, 1994, p. 177-203.

dão visibilidade ritual, reproduzem e recomeçam as dimensões históricas e simbólicas profundas da realidade social da qual são agentes ativos.

O instante da fotografia não recobre senão um fragmento da temporalidade dessa peregrinação pela vida, dessa busca incessante e inacabável. Por isso, fotografias como as dessa exposição pedem uma demora na sua "leitura" e na sua apreciação. Quase um meditar com cada fotógrafo; quase uma liturgia de conciliação do ato fotográfico com o ato interpretativo. Os muitos detalhes secundários de cada foto contêm informações relativas ao âmbito mais amplo e ao tempo mais amplo da realidade dos peregrinos. É aí que o tempo único da fotografia encontra sua contradição. Detalhes que são o âmbito e o tempo dos embates pelo Bem e tudo o que ele significa – vida, saúde, justiça, fartura, abrigo. O flagrante de um instantâneo fotográfico pode ocultar muita coisa, pode reduzir a realidade social à brevidade de um fragmento. Mas, não pode ocultar e anular as informações da circunstância, do detalhe que contém o seu próprio tempo, o tempo que pode escapar ao olho do fotógrafo.

A estética do detalhe em várias fotos de Tiago Santana sugere, justamente, uma interrogação do fragmentário, no que para mim é um estilo diretamente derivado dos ex-votos de madeira ou de cera. A ida aos lugares sagrados não pode deixar de ser interpretada como breve intervalo, ligeiro descanso devocional numa vida de sofrimentos em busca do mundo da Promessa. Uma romaria purificadora, como fica evidente quando se compreende quem dela participa. O impacto visual de realidades assim na sensibilidade de um fotógrafo, mesmo que ele disso não saiba "antropologicamente", pode incorporar à composição fotográfica varias evidências de uma história no caminho da Utopia.[21]

---

[21] A fotografia dos "atos de fé", numa situação social e religiosa como a brasileira, bastante permeada por significações e orientações sociais marcadamente milenaristas ou messiânicas, o que é especialmente claro no caso do profetismo do Padre Cícero, não pode ser "lida" e interpretada sem referência à dimensão utópica que lhe é própria. Tomo utopia no sentido em que a define Karl Mannheim: "Somente serão designadas com o nome de utopias aquelas orientações que transcendem a realidade quando, ao passar ao plano da prática, tendam a destruir, parcial ou completamente, a ordem de coisas existente em determinada época." Cf. Karl Mannheim, *Ideología y Utopía*, op. cit., p. 169. Nesse caso, sem a contextualização histórica e antropológica dos cenários, pessoas e situações sociais fotografados, fica impossível recuperar na leitura documental da fotografia suas verdadeiras revelações, especialmente os indícios de desconstrução antropológica e sociológica da imagem fotográfica.

A imagem fotográfica no imaginário da fé

A religiosidade popular se apossou rapidamente da fotografia no Brasil. De modo aparente, a fotografia veio aperfeiçoar a função insuficientemente cumprida dos ex-votos no imaginário religioso. O corpo imaginado, das toscas esculturas de madeira, mera alusão à parte doente e afetada, contaminada, passa a ser substituído pela verossimilhança da fotografia. Das duas uma: ou a verossimilhança já era concebida como a representação perfeita do milagre, e os meios para expressá-la não estavam disponíveis, sobretudo para os pobres, ou as mudanças culturais do século XIX que, na sociedade inteira, introduziram a cultura do verossímil, da representação visual "perfeita", criaram a necessidade social de novos recursos visuais para exprimir o imaginário. Já ouvi expressões de admiração em relação a pinturas e desenhos: "Parece fotografia!" Ou reclamações quanto a fotografias: "Não parece eu", "Não parece ele". Ou elogios: "É eu!"

A construção incorreta das frases é eloqüente e essencial nesse caso. Não é raro nas classes populares, no Brasil, a pessoa se referir a si mesma na terceira pessoa, sobretudo na relação com o estranho ou com coisas estranhas às suas tradições. No caso da fotografia, o erro é perfeito. Ao ver-se na foto, a pessoa não se reconhece senão como outro, senão como alteridade, como objeto: "É eu" em vez de "Sou eu".

A parecença é, nessa cultura, tomada como prova de qualidade da imagem fotográfica. Antes da fotografia, num país em que a pintura foi pobre e pouca, os ex-votos pictóricos tiveram grande importância. É significativo que tenham desaparecido quase ao mesmo tempo em que apareceu a fotografia. Nesses ex-votos, o padrão é o da imagem do enfermo na cama e, num canto do cômodo, como aparição, como proteção invisível, levitando, o santo ou, geralmente, uma invocação de Nossa Senhora, vigilante e protetora, a figuração do autor do milagre. Mas a pintura vai aos poucos parecendo, por mais imaginativa que seja, meio insuficiente para testemunhar o milagre. Faz-se necessária a palavra escrita, geralmente extensa, narrando o milagre e sua circunstância. Uma espécie de nota de rodapé da pintura numa cultura em que o imaginário fértil do catolicismo barroco e prolixo pede a complementaridade das expressões no testemunho do acontecido. É verdade que a adoção do uso da fotografia como ex-voto não dispensou a inclusão de textos escritos que explicassem o milagre acontecido. Mas, é evidente, também, que a economia de escritos nesse caso sugere a maior eloqüência testemunhal da imagem fotográfica.

Nessa fase, a cultura visual estava profundamente marcada pela consciência de que o real é constituído pelo que se vê e pelo que não se vê ao mesmo tempo, mas que está lá, faz parte do pictórico imaginário. E o que se vê é apenas fragmento do que ocorre. A vida cotidiana estava povoada de seres imaginários, entes benéficos ou maléficos, que disputavam entre si a alma, através do corpo dos viventes. O mundo barroco, na Colônia, é o mundo de batalhas contínuas entre o Bem e o Mal, entre Deus e o Diabo. Numa frase lapidar, posta na boca de um sertanejo, Guimarães Rosa sintetiza: "E Deus mesmo, se vier, que venha armado". A fé é nesse momento a clara expressão da consciência desse combate. É uma fé que transcorre no mundo do imaginário e da imagem mental, de uma imagem que nem sempre tem condições de materializar-se, até por falta de meios técnicos que correspondam apropriadamente ao que está sendo imaginado.

Mas a imagem desse imaginário é significativamente confinada ao limite entre a vida e a morte, em face do risco da morte iminente. A necessidade de dar visibilidade ao invisível foi uma necessidade própria do mundo colonial, cujos resquícios persistem de vários modos na cultura brasileira. Era uma necessidade circunscrita a uma idéia de tempo, o tempo da eternidade, do para sempre, do irremediável. O tempo da passagem do perecível para o perene, da incerteza para a certeza. A iminência da morte como momento final de acerto de contas, de pagamento de dívidas materiais e espirituais, de balanço perfeito entre o débito e o crédito, como abundantemente mostram os testamentos da época colonial. E também as figurações coloniais do anjo São Miguel, pesando em sua balança os méritos e deméritos do pecador que bate à porta do Purgatório.

Nesse mundo, a necessidade de imagem e a necessidade de ver muito além do cotidianamente visível são necessidades limitadas à certeza de que o invisível do confronto entre Deus e o Diabo, único momento em que se acercam dos mortais para disputá-los, é um invisível que contém uma potencial visibilidade, a do risco iminente da perdição eterna. Esse risco propõe à consciência do homem comum a necessidade de visibilidade, necessidade de ver, necessidade do conhecimento visual, necessidade da correção possível dos erros da vida nesses momentos liminares de anúncio da morte. A chegada da fotografia ao Brasil, com motivações estrangeiras de uma elite de senhores de escravos culturalmente estrangeira, desconheceu o lugar específico do visual na tradição do país.

Justamente por isso a história da fotografia no Brasil é a história da sua captura por esse momento simbolicamente liminar e pela cultura religiosa que nele tem a sua referência estruturante, a base de sua edificação, que é o medo do invisível e do conflito fatal que ele contém. A fotografia não entra no Brasil pela porta estreita do moderno, escasso e limitado. Ela entra pela porta justamente larga da religião e da tradição, do papel fundante que o medo teve na religiosidade engendrada pela Contra-Reforma e pelo Concílio de Trento. Mesmo que o elitismo dos difusores da fotografia faça crer que era ela um momento de constituição do moderno no país. Era muito mais, um poderoso episódio adicional da constituição da modernidade, isto é, do hibridismo cultural bifronte e duplamente orientado tanto para o passado quanto para o futuro, tanto para o sagrado quanto para o profano.[22]

O advento da fotografia como ícone e como ex-voto sugere uma mudança no imaginário religioso, reflete a redução da fé ao imaginário de um real supostamente sem ocultações, sem invisibilidades, sem demônios. De certo modo, a fotografia vem cumprindo uma função iconoclástica na religiosidade do brasileiro, destruindo o irrealismo fantasioso das imagens e figurações barrocas. A fé da era da fotografia tornou-se outra fé, menos a fé do medo e mais a fé da esperança. Há aí uma lenta transformação que ainda não se cumpriu por inteiro. A fotografia pode cumprir a missão de expressar essa fé, porque o verossímil nega por inteiro as ocultações, desconhece e nega o invisível no real.[23]

---

[22] Há uma concepção historicamente mais ampla do hibridismo latino-americano em Néstor García Canclini, *Culturas Híbridas. Estrategias para entrar y salir de la modernidad*, Editorial Grijalbo, México, 1990, esp. p. 65-93.

[23] Nem por isso deixa de haver uma certa ressacralização da imagem na imagem fotográfica de uso religioso, numa cultura, como a brasileira, que se alicerça nos embates da Contra-Reforma, na

Também porque se difunde entre nós uma fé individualizada, de um crente identificado perante Deus na imagem fotográfica precisa, com rosto, nome e até endereço.

O envelhecimento e a deterioração da imagem fotográfica, na obra de Antonio Saggese, documenta justamente a materialidade da nova e moderna imagem no mundo religioso, uma certa secularização da crença. Mais do que deterioração do ex-voto, uma certa protestantização da crença, contraditória, porém: a imagem ainda é um suporte da fé. Mas uma imagem pobre, empobrecida, desprovida dos enigmas próprios do grande embate pelo gênero humano, entre Satanás e Deus.

A inserção da fotografia no mundo dos ex-votos, porém, nos fala de uma desconfiança em relação ao imaginário de que ela faz parte, urbano, moderno, racional, preciso, verdadeiro. A fé se pratica como desconfiança em relação ao mundo secular e novo. A fé vai perdendo a sua dimensão barroca, o movimento próprio de corpos que se movem em direção ao céu e à luz divina, se contorcem, sofrem, aprisionados no eixo imobilista do pecado e do terrenal. A fotografia introduz a imobilidade definitiva, secular e material, moderna, dos corpos no imaginário da fé. As pessoas posam tesas, duras, imóveis, reflexo das dificuldades técnicas próprias da origem da fotografia.

Nos santuários, as salas das promessas ou salas dos milagres documentam essa mudança de concepções. Constituem uma espécie de teatro da fé, um lugar para ser visto, um espaço de testemunho através de objetos, de ex-votos. Um modo de fazer o outro enxergar, de fazer ver para fazer crer, que constitui o testemunho por excelência. Quem recebeu a graça torna-se o cúmplice do santo, age como tal alardeando seus poderes. O milagroso silencia sobre seus milagres, e seu silêncio é próprio da santidade. Quem

---

reação ao protestantismo da vitória do verbal sobre o visual. Sobre a repercussão da Reforma protestante na secundarização do visual, cf. Graham Howes, *The Art of the Sacred*, I. B. Tauris, London, 2007, p. 9. Nesse sentido, a leitura do ex-voto, seja escultura de madeira ou de cera, sejam partes do corpo do devoto, como os cabelos, seja a fotografia, deve levar em conta que esses objetos de oferenda visual têm o propósito claro de dar visibilidade ao invisível, justamente àquilo que do corpo do homem Deus viu e o homem não pode ver, a não ser no cenário e na circunstância litúrgicos próprios do pagamento de promessa. Howes menciona não só a sacralização de lugares da arte, na arquitetura, mas também das obras de arte, mesmo nos museus. Cf. Graham Howes, op. cit., p. 53-58.

recebe o milagre é quem, na sua gratidão, deve falar do acontecido, exibir os detalhes, as evidências, as provas – testemunhar.

Há várias formas de testemunhar os milagres operados no corpo. De um lado, os objetos que tiveram contato com o corpo de quem recebeu a graça, como o vestuário (em Aparecida há um verdadeiro guarda-roupa de oficiais das forças armadas e das polícias estaduais que receberam alguma graça da santa): o equipamento de identificação como parte da própria identidade, a identidade oferecida como testemunho do milagre e prova de fé.

De outro lado, os objetos que fizeram parte do corpo, especialmente os cabelos ou mesmo as próteses. Numa foto de Saggese, os pedaços de barba que fazem a moldura de um rosto barbado que recebeu a bênção de um milagre constituem uma óbvia desordem na concepção profana do corpo e do visual [*Figura 1*]. E o mesmo se pode dizer da foto deteriorada de uma jovem cujo rosto tem como moldura seus próprios cabelos longos e louros.[24]

É esse velho meio de afirmação da fé, como deixar crescer os cabelos para doá-los a uma santa como peruca, forte costume colonial, sobretudo entre mulheres. Uma troca de partes do corpo, entre o corpo profano e mortal e o corpo sagrado e imortal. O milagre como um momento de promiscuidade entre o sagrado e o profano, que resulta na sacralização parcial do corpo, na captura do sagrado pelo profano que é ao mesmo tempo o seu contrário. Um certo reconhecimento de que a parte do corpo que foi objeto do milagre por meio dele se sacraliza. As partes sagradas do corpo, como o útero e o seio, nas mulheres, os olhos, em todos. Os momentos sagrados no corpo, na infância, na gravidez. É significativo que não haja ex-votos das partes pudendas, das partes sexuais do corpo, o profano e o pecaminoso por excelência, a negação da sacralidade, o instrumento do prazer e do pecado.

A fotografia ex-voto anuncia justamente a desordem que há na relação entre profano e sagrado, entre mortalidade e imortalidade, na oferenda sacrificial de uma parte do corpo, no sacrifício da privação de um ornamento natural.

---

[24] Cf. Antonio Saggese, *À Sua Imagem e Semelhança*, Fundação Cultural de Curitiba, Curitiba, 1995.

A figuração das partes do corpo que foram objeto da intervenção divina refere-se a uma espécie de segundo nascimento, de ressurreição parcial. A representação por excelência. O estar em lugar de. É aí que mais intensamente se revela o imaginário, não só através do imaginado, mas sobretudo do fazer o outro imaginar.

O milagre nos fala do limiar da morte, a desordem suprema porque definitiva, porque reordena os mundos – o do transcendente e o da vida. O milagre nos *fala do tempo*, nos fala de transubstanciação das partes mortas, doentes, do corpo em partes vivas, sadias; nos fala de renascimento, de transformações.

A ordem da exposição de fotos e objetos nas salas dos milagres nos fala, porém, de classificação e nos *fala de espaço*, de permanência, de poder. Portanto, as salas de milagres dos santuários brasileiros não nos falam apenas de imagens fotográficas que beatas e funcionários do sagrado procuram ordenar para assegurar a sua mais intensa visualização. Como se vê na foto que Antonio Saggese fez na sala dos milagres de Aparecida do Norte, em 1992 [*Figura 2*]. O ângulo escolhido ressalta, justamente, a pequenez de quem observa a sala, o testemunho coletivo constituído por milhares de fotografias de pessoas alcançadas pela graça de um milagre – uma espécie de abóbada da fé. Tiago Santana, aliás, deu-se conta desse detalhe significativo ao construir, no recinto da exposição *Benditos*, em São Paulo, uma capela imaginária ao redor da imagem do Padre Cícero, cujas paredes e teto são forrados com retratos.

Mas a ordem do exposto não é a ordem do acontecido nem a ordem do testemunhado. A ordem do exposto, o exótico dos critérios de classificação, apenas revela a tentativa burocrática de assegurar a ordem num espaço de poder que é o espaço do templo e dos gestores do sagrado. Aí se propõe a contradição que há entre o sagrado e o profano. É verdade que o sagrado regenera as rupturas do profano, repõe a aparência da ordem na desordem do inaparente, do que não pode ser visto: pode apenas ser testemunhado. Porém, há uma grande contradição entre a visualidade proposta pelo beneficiário do milagre e a visualidade exibicionista e classificatória que os funcionários do sagrado procuram dar aos objetos de que são apenas depositários e gestores.

Assim como os funcionários do sagrado procuram ordenar visualmente os objetos que testemunham a eficácia da fé, cabe perguntar que ordenamento propõem os fotógrafos dos atos de fé. Qual é propriamente o milagre da fotografia? Em Saggese, esse intuito ordenador é claro: ele intenta mostrar e demonstrar a materialidade obsolescente dos ex-votos, a mortalidade dos testemunhos da imortalidade, as imagens fotográficas. Só pode fazê-lo proclamando a imortalidade estética da fotografia, o estilo, a fotografia como obra de arte. A fotografia da fotografia que ele pratica procura restituir à fotografia a sua dimensão de arte. Isto é, procura resgatá-la da promíscua convivência do imaginário vulgar e do senso comum. Procura reencontrar no produto banalizado como ex-voto perecível, ordenável pelos gestores do sagrado, a desordem do único, a sacralidade do estético, a universalidade de um modo de ver, mais do que simplesmente do que é visto.

Desencantamento e desconstrução nas imagens da fé

Essa perspectiva reaparece em Christian Cravo de um outro modo. Ele intui a sobrevivência dos resquícios do barroco numa realidade social aparentemente desprovida de estilo, a dos pobres, dos penitentes, dos que têm fé. É eloqüente a foto do penitente, em Bom Jesus da Lapa, que carrega um crucifixo, em que as pessoas que o circundam são quase tocadas pela mão estendida de um santo barroco, um missionário agônico, nas contorções do êxtase [*Figura 3*]. Ela constitui uma inigualável expressão dessa busca, dessa procura de liames com o mundo do atual, do sem estilo. Cravo documenta a persistência de um mundo em que o estilo era fundamental, em que a vida cotidiana ainda não se constituíra, a vida de todo dia mergulhada integralmente no sagrado, como foi o mundo colonial. Um mundo que sobrevive de muitos modos nessa força do sagrado, nas invasões constantes de um cotidiano indeciso e mal constituído, inacabado e inacabável.

Só a fotografia permite esse encontro dos tempos, essa durabilidade estética da fé no mundo residual da Conquista, mesmo na suposição discutível de que a fotografia congela o tempo, institui o tempo da fotografia, que é apenas o tempo do aparente. A imagem barroca, que foi por séculos a mediação na construção social do catolicismo popular, encontra-se na mesma cena com o homem comum possuído pela mesma fé barroca. O ato de fé move e comove os circunstantes, pessoas e imagens. O crente que ergue o crucifixo enche de vida o Cristo agonizante que segura com as duas mãos como se fosse um Cristo ressuscitado, ressurgindo das sombras da morte, como se fosse um milagre triunfal do povo da rua. Há movimento e vida nessa imagem que mescla estilos de um quadro da Renascença com o do Cinema Novo brasileiro, como "O Pagador de Promessas", de Anselmo Duarte, ou "Deus e o Diabo na Terra no Sol", de Glauber Rocha.

Não obstante, um certo ceticismo se apresenta nas fotografias de Tiago Santana, em Juazeiro do Norte. Uma certa descrença presente no registro de decodificadores do que é fotografado, decodificadores que dessacralizam a cena, que num certo sentido a poluem. São referentes que impedem a invasão da fotografia por ficções de sacralidade pura e exemplar, por algo que poderia ser definido como fotografia edificante. Uma atitude propriamente fotográfica e, num certo sentido, herética. Ainda que com outra linguagem, expressão de valores parecidos com os que orientam a fotografia de Antonio Saggese. Isso talvez se explique pelo fato de que, sendo nativo da região, Tiago Santana cresceu presenciando a mescla visual, a indistinção de sagrado e profano, a banalidade do aparente na rotina de uma cidade de peregrinação e de encenação de episódios de fé extrema. Justamente aí a fotografia fala mais do fotógrafo do que do fotografado.

O que pode um fotógrafo ver no barroco tardio e insistente das tantas manifestações de misticismo e fé das festas religiosas brasileiras e dos lugares de romaria, lugares de acerto de contas com o sagrado?

No seu olhar de surpresa e de estranhamento pode ver e fixar aspectos miúdos de um grande e solene rito de reconciliação do homem com sua divindade perdida. Porque o humano aparece inteiramente na coisa adorada. A fé popular é em grande parte o reconhecimento penitencial desse estranhamento, a relação culpada e penitente com a divinização das carências que se consubstanciam na divindade imaginada, buscada, desejada.

Os fotógrafos da exposição *Acts of Faith*, cujas obras estão expostas, documentam, no detalhe miúdo de gestos dirigidos ao sagrado e nos intervalos estranhos que o sagrado permeiam, justamente as evidências do sagrado, a construção social do sagrado. A participação litúrgica do romeiro, do pagador de promessas, dirige liturgicamente a atenção dos participantes para o sagrado em si. O participante da liturgia não tem com o sagrado a relação de observador. Ele é parte, com sua presença, da própria sacralização, porque ali ele se consagra.

O olhar de certo modo herético ou descrente do fotógrafo vê o invisível, isto é, o irrelevante do ponto de vista litúrgico, os referenciais de desconstrução da sacralidade da imagem fotográfica.[25] Sacralidade, aliás, que capturou a fotografia como ex-voto muito antes da fotografia se interessar pelo sagrado. O fotógrafo estranha o que vê. A fotografia é aí, portanto, o documento desse estranhamento revelador. Os temas falam das miúdas e, aparentemente, irrelevantes características da relação com o sagrado. Falam, pois, de um sagrado que não está apenas essencialmente na liturgia e, portanto, nas ações dos funcionários do sagrado. Mas de um sagrado que está em toda parte, embora não necessariamente em todos os momentos. Um sagrado, porém, que domina um tempo maior da vida do que apenas o tempo do ofício litúrgico.

O fotógrafo, portanto, desmente sem querer a tese da fotografia como congelamento do tempo, do mesmo modo que essa falsa premissa é desmentida pela própria existência de uma disciplina como a Sociologia Visual. A indagação sociológica sobre o visual é impossível a partir do pressuposto de que na fotografia o tempo é congelado, fixado, suprimido. Pois a sociologia lida com processos sociais e, portanto, com a mediação de alguma concepção de tempo, seja o tempo da interação social, seja o tempo da História.

Esse é, também, um sagrado que se apossa mais intensamente do corpo do que do espaço que o circunda. De modo que as fotografias nos revelam mais os gestos da prestação ritual e do corpo como mediação entre o sagrado e o profano. Os corpos revelados na sua singularidade pelo cenário que ora confirma o sagrado, ora o nega. Tudo depende do olhar do fotógrafo em face da polissemia visual densa dos cenários em que se desenrolam os atos de fé.

Por isso, Antonio Saggese pode propor a deterioração da imagem fotográfica dos pagadores de promessa e seu envelhecimento, sua promiscuidade e

---

[25] Em suas reflexões sobre o embate entre fotografia documental e fotografia expressiva, Elizabeth Edwards trata de modo consistente e sugestivo do lugar do visível e do invisível na fotografia, em particular retornando ao tema do *punctum* proposto por Barthes. Cf. Elizabeth Edwards, "Beyond the Boundary: a consideration of the expressive in photography and anthropology", op. cit., esp. p. 58-59.

84 SOCIOLOGIA DA FOTOGRAFIA E DA IMAGEM

sua desordem como desconstrutores do sagrado. Na verdade, esse não é o foco primeiro que explica sua fotografia. Em suas fotos de fotografias em túmulos deteriorados de diferentes lugares,[26] de pôsteres eróticos consumidos pela sujeira de borracharias, de marcenarias, de oficinas de conserto de automóveis, ele propõe o reconhecimento do que se poderia definir como o desencantamento visual da fotografia. Mas, justamente, essa proposta ganha desdobramentos nas fotografias de ex-votos. Esse paradigma de deciframento da fotografia destinada ao consumo, mais do que ao uso, tem um alcance adicional quando o autor dirige suas lentes para o terreno das práticas religiosas. Aí se amplia o âmbito de conjecturas relativas a um certo fetichismo da fotografia, que é o objetivo de seus ensaios: por que a foto deteriorada, convertida em objeto de consumo, que seria destinada ao lixo, permanece como ícone, venerada ou admirada em paredes de adobe, em meio a ferramentas ou recoberta de serragem em marcenarias e carpintarias?

Em um de seus trabalhos, Saggese fotografa duas fotografias comparativas e comprobatórias do milagre no homem que exibe o braço direito enfermo e na seqüência o braço direito são. Coincidindo com partes do corpo fotografado, cupins cor de ferrugem se aglomeram sobre a imagem em preto-e-branco [*Figura 4*]. Uma terrível proposição visual das térmitas devorando a fotografia, uma metáfora do corpo do fotografado sendo devorado pelos vermes. Justamente, a afirmação da ressurreição da parte doente do corpo. Uma alegoria da morte e da fé que pode vencê-la.

A imagem, a fotografia e o ex-voto propõem-se como expressões mortas e mortais da celebração do milagre e da vida que o milagre assegurou. Nesse envelhecimento, a fotografia fotografada se revela fotografia, fetiche, como quer Saggese. As composições falam de contextualizações distantes dos vívidos e solenes momentos de pagar promessa. Saggese nos fala de uma fé esmaecida pelo tempo, devorada pelo suceder dos dias – imagens desfiguradas pela mescla insólita que junta solenes esculturas e pinturas com prosaicos objetos do mundo simples dos que têm fé. Fala, também, do confronto inevitavelmente corrosivo da imagem religiosa com a imagem fotográfica dos que têm religião, como se vê na foto feita em Congonhas do

---

[26] Cf. *Antonio Saggese*, Museu de Arte de São Paulo/Museu de Arte Moderna do Rio de Janeiro, 1991.

Campo: a parte inferior de um quadro que retrata o Crucificado com dezenas de fotos encaixadas a esmo entre a tela e a moldura, antiga e dourada [*Figura 5*]. De verdade, Saggese nos fala da pobreza cotidiana da fotografia que se deixa consumir pelo tempo muito depressa. Nela o contemporâneo se torna obsoleto – o produto fotográfico não resiste à corrosão que lhe impõem a obra de arte e o sagrado. Nos fala da fotografia como banalização da imagem desprovida de dimensão estética.

A fotografia deteriorada, usada mais do que contemplada, ganha consistência e dimensão estética na fotografia da fotografia, na crítica estética do ato fotográfico que se reduz ao produto de uma fé capturada pela coisa. Saggese propõe uma fotografia cuja pompa está na circunstância.

A obra de Saggese, ao mostrar a fotografia abandonada nas salas de milagres dos santuários, pode nos dizer, também, que a vida da fotografia só pode existir no interior de processos interativos. Isto é, no calor da memória. A fotografia como instrumento da interação imaginária com os ausentes (e com os mortos). Os panteões fotográficos nas casas de família, nas paredes, nos álbuns, nas gavetas, nas caixas de sapatos, nos falam de uma hierarquia da memória, dos próximos e dos distantes – desde os que precisam ser revistos imaginariamente com freqüência ao longo dos momentos da vida cotidiana, todos os dias, aos que precisam ser vistos na liturgia familiar do lembrar, nos episódicos momentos de visitar os álbuns de família, até os que são acidentalmente revistos nas buscas em caixas e gavetas.

Ao fotografar as fotografias mortas e abandonadas dos panteões sagrados das igrejas, Saggese nos envia diretamente ao cenário próprio da fotografia, como documento da imortalização que há nos afetos, no amor, na memória. Sociologicamente, esse tipo de fotografia nos fala da dimensão imaginária dos processos interativos e, portanto, das circunstâncias muito específicas da morte social, como morte da lembrança, como falecimento da memória. A fotografia se constitui num meio essencial de sustentação da sobrevida dos mortos, da continuidade imaginária das relações sociais mesmo depois da morte.[27] Por esse meio, fala-nos da comunidade imaginária que se sobrepõe à mortalidade física do contemporâneo.

---

[27] Em seu ensaio sobre a fotografia, Barthes retorna diversas vezes ao tema da morte. No meu modo de ver, porém, a ausência de referências antropológicas comparativas em seu estudo circunscreve essa associação a uma visão da moderna classe média e seu peculiar secularismo. Barthes, aliás, é

É dos vivos que a fotografia quer falar, mesmo quando fala de mortes culturais e simbólicas. Ou quando nos fala de um sagrado cercado, ameaçado de corrosões de todo tipo. Mas que, no entanto, persiste, se renova, até mesmo incorporando a fotografia que o condena.

Nas fotos de Bassit o sagrado se implanta num código de vivos e vivacidades. Aquele pequeno Cristo crucificado no meio da multidão de devotos em Bom Jesus da Lapa é mais um companheiro do que um deus [*Figura 6*]. Do mesmo modo que os ex-votos de Canindé, amontoados, mistura desordenada de cabeças, pés, braços, desindividualizam promessas e milagres [*Figura 7*]. Mas sobretudo o casal idoso de Canindé, a mulher com a maquete de uma casa na cabeça [*Figura 8*] parece oferecer-se ao fotógrafo como prova visual do caráter profano das reivindicações dos penitentes. Talvez.

A casa simbólica é modesta, com o número e uma cruz desproporcional na fachada. Quase um pedido de bênção com endereço para que não haja erro. Romeiros e penitentes carregando maquetes de casas na cabeça podem ser vistos em vários centros de devoção no Brasil. Vi um grande número de pessoas carregando essas maquetes na procissão do Círio de Nazaré, em Belém, em 2000. Muitas dessas casas tinham detalhes, o que parece indicar a representação da casa real, até com garagem para o carro.

Nesse caso, em particular, a casa é pobre e simples. É a cruz na fachada que nos fala da dimensão simbólica da casa na cultura sertaneja. Velho costume medieval que chegou ao Brasil e à sacralidade da casa já no início da

---

de origem protestante, embora assinale sua educação artística católica, o que torna compreensível esse aspecto de sua concepção da fotografia como uma espécie de idolatria dos vivos em relação aos mortos. É significativo que as ilustrações de seu texto sejam, sobretudo, retratos. (Cf. Roland Barthes, *A Câmara Clara*, op. cit., esp. p. 53, 106, 112-113, 137-138). No caso das fotografias exibidas em *Acts of Faith*, estamos em face da realidade de populações ainda fortemente vinculadas ao mundo pré-capitalista e a uma religiosidade bem diferente da que constitui a referência de Barthes, uma religiosidade que não instituiu ainda a radical separação entre a vida e a morte. Mesmo que, para as populações presentes nas fotos da exibição aqui comentada, a morte seja uma referência dos atos, e não das fotos, estamos em face de uma outra dimensão da morte. A morte como mediação dialética de uma concepção de vida eterna e de utopia. Portanto, a vida como realidade mais forte que a realidade da morte. As fotos nos falam da esperança de vitória do homem sobre sua própria morte, e não da angústia do homem moderno em face do fim inevitável, da consumação definitiva, tema, aliás, de uma breve e significativa consideração de Weber (cf. Max Weber, *Ciência e Política. Duas Vocações*, op. cit., p. 31).

colônia. Uma casa uterina como demonstram os ritos funerários e os cuidados e tabus com o corpo dos mortos na ordem da disposição do corpo e da saída do funeral: ordem inversa à do nascimento.[28] A cruz pintada na porta da frente, um sinal para repelir e afastar o anti-Cristo. A casa como casa de Deus, como aparece nas folias do Divino e nas folias de Reis, já no intróito dos cânticos, associando o sacrário da hóstia com a casa da família: "Deus te salve, casa santa", entoam os foliões cantores.

Mas uma casa que é fruto de trabalho. No interior do Brasil, a mulher normalmente faz seu trabalho de carregar produtos da roça em cestos assentados sobre a rodilha de pano na cabeça: potes de água; trouxas de roupa; feixes de lenha. Um gesto bem feminino de trabalho numa cultura em que não raro a mulher se considera "burro de carga". Aliás, a palavra "rodilha" significa também pessoa desprezível, subalterna, insignificante. Também porque a casa, na cultura sertaneja, é uterina na arquitetura simbólica e também feminina nas funções. É a mulher que paga a promessa. O homem é aí mero coadjuvante, como acontece no geral na vida doméstica rural. A casa, com seus utensílios, é da mulher. Daí os ritos de purificação que a cercam, as providências para evitar sua contaminação pela morte e pelos malefícios que sempre lhe são externos. Especialmente, os cuidados para afastar o mau-olhado em relação aos recém-nascidos. Na cultura sertaneja e da religiosidade popular, a casa está simbolicamente oposta à morte e ao morto e a tudo o que pode matar, física e simbolicamente.

Embora seja pouco provável que o fotógrafo tenha clareza a respeito dessa dimensão antropológica do que está fotografando, justamente esse fato acentua a importância documental de sua fotografia. O que pode ter sido pictoricamente interessante no ato de fotografar é interessante justamente porque carrega consigo uma completa e evidente carga de significados. Embora os fotografados não narrem expressamente o conteúdo antropológico de sua representação, de sua teatralidade, seus atos, vivências e representações compõem deliberadamente um fato social total. As expressões e a ornamentação litúrgica do ato dizem tudo, conectam o gesto ao objeto, definem o todo do pagamento de uma promessa ou de reali-

---

[28] Cf. Luís da Câmara Cascudo, *Dicionário do Folclore Brasileiro*, Instituto Nacional do Livro, Brasília, 1972, p. 199.

zação de uma promessa. Mais, a idade dos fotografados nos fala da casa como projeto de uma vida. O sentido de uma vida inteira está ali – a casa e a família.

Vejo esse contraponto dessacralizador também em "Procissão", de José Bassit, feita em Juazeiro do Norte [*Figura 9*]. A casa rústica de pau-a-pique ou adobe, as janelas abertas, o morador debruçado numa delas, apreciando a procissão que passa, cuja sombra se projeta sobre as paredes da casa, a cruz, os estandartes. Não obstante, homens de chapéu.

Algumas perguntas: por que as janelas estão abertas? Por que o morador está em casa, e não na procissão? Por que alguns homens na procissão estão de chapéu? A própria fotografia não oferece respostas a essas perguntas. Não há nada nela que ofereça um decodificador. As janelas abertas indicam, sem dúvida, uma orientação oposta à orientação da morte, ocasião em que as janelas são fechadas. As janelas abertas falam do sentido profundo da procissão de peregrinos, a sua força sacralizadora. Falam de acolhimento à bênção e à vida que ela representa. A janela aberta é um convite a que o público invada o íntimo, a que o que é bendito se aposse do que é sagrado, a casa, o lugar da família e da vida.

Em Juazeiro do Norte, um morador que não participa de uma atividade tão importante como a procissão pode indicar várias coisas: uma delas (que aparece, de certo modo, na fotografia de Santana) é a cidade de romeiros como cidade voltada para o de fora, e não para o de dentro. O de dentro numa relação de aparente indiferença quanto ao sagrado. Alguém cuja rotina de vida não é demarcada pela contraposição de festa e trabalho, de sagrado e profano. A rotinização do sagrado gera a passividade do morador, cuja vida é quase certamente dependente de atividades econômicas relacionadas com a vida religiosa do lugar. Ele é quase um funcionário do sagrado, um auxiliar do culto.

Essa procissão de sombras e fantasmas pretende ser, também, a mensagem do fotógrafo. Entre as sombras que desfilam e as pessoas que dela participam, o fotógrafo viu sentido nas sombras, e não nas pessoas. Viu sentido na alegoria da fé, e não na sua prática, não no ato de fé. Ou, então, quis atribuir uma dimensão alegórica ao ato de fé. E, nisso, um ver fotográfico que não é cotidiano, que se preserva em relação àquilo que contempla, que não se deixa convencer pela tentação do documental.

Cotidiano é o ver do morador da casa, que se debruça na janela como mero espectador, no momento da procissão e da fotografia. Ele é real, e não alegórico. Ele vê os que crêem. Ele contempla o teatro da fé, a celebração da fé. O cotidiano contempla o não-cotidiano. Nessa foto, o fotógrafo celebra seu próprio estranhamento. Nela, também o cotidiano contempla o não-cotidiano da fé transformada em festa e teatro religioso, em agir não regulado por regras cotidianas, as regras da sobrevivência. O tema do contemplativo e o fotógrafo contemplativo, como na fotografia de Saggese, dão consistência justamente àquilo que nega a dessacralização.

Os chapéus na cabeça intrigam. Numa população sertaneja que, ao mencionar o nome de Deus e de qualquer santo, costuma levantar o chapéu em sinal de respeito, esse estar de chapéu na procissão nos diz que a sacralidade da procissão não é completa. Diz-nos que a procissão é momento de ir ao sagrado, mas não é o sagrado. É o preâmbulo do sacro. Isso talvez explique a passividade espectadora do homem na janela. A desnecessidade de incorporar-se à sacralidade provisória do momento.

A fotografia e o fotógrafo na construção social do sagrado

Nessas contraposições, quero destacar em particular a foto em que Bassit retrata o romeiro ciclista carregando pesada imagem do Padre Cícero na cabeça, enquanto ao lado passa um caminhão de romeiros, um pau-de-arara [*Figura 10*]. Essa foto pode ser tomada como uma combinação de preciosismo técnico e grande sorte do fotógrafo. Mas é, sobretudo, um documento sobre a competência de Bassit. Na composição dessa foto, tudo se ajusta. Até mesmo a sombra do ciclista e seu santo na porta da cabina do caminhão de romeiros, como um contraponto da devoção apressada e descansada. Em primeiro lugar documenta uma certa hierarquização da fé dos romeiros. Há romeiros e romeiros. Há os que vão ao lugar sagrado, como os que estão no caminhão. O ato de fé se cumprirá sobretudo no lugar de destino. A sacralidade do ato fica confinada no momento específico de testemunhar a gratidão. Tiago Santana também fotografou situações que testemunham essa concepção de fé: a do romeiro cujos gestos e modos falam de uma fé fragmentária. Uma fé já atravessada pelo cotidiano e pelo moderno. Santana sublinha os momentos, documenta essa modalidade de fé residual de uma história que sucumbiu a transformações e desfigurações.

O ciclista de Bassit cumpre desde a partida e ao longo do caminho um ato penitencial. Sua fé é íntegra, integral. Não está confinada nos momentos de uma liturgia fragmentada, seqüencial, na qual o leigo é mero acólito do celebrante e mero cliente da instituição religiosa. O ciclista da foto cumpre funções sacerdotais claras. Há uma dimensão sacrificial no seu gesto e na sua opção. Ele sabe o grave que seria se a imagem do Padre Cícero caísse e quebrasse, uma profanação. Ele oferece a Deus mais do que a viagem ao lugar sagrado. Ele oferece sua fé, a certeza de que o poder do "Padim Ciço" não deixará que isso aconteça. Na verdadeira fé não há riscos, apenas certezas absolutas. Sobre a bicicleta trafega um corpo sacralizado pela fé e pelo sacrifício de semelhante mandato. Ele é o andor do santo, o pedestal. Faz-nos lembrar das práticas penitenciais dos que carregam pesadas pedras na cabeça para pagar suas promessas. Um São Cristóvão do sertão, que carrega nos ombros o profeta em sua travessia. Uma forte concepção da fé barroca: só há fé no sofrimento, e no sofrimento ostensivo. Uma fé testemunhal, missionária, destinada a comover e converter os incréus. Uma fé ainda colonial.

Essa foto nos fala da sacralização do corpo no correr do ato penitencial, tema que, de vários modos, aparece na obra de outros fotógrafos expostos. Nas fotos de Christian Cravo está proposta a função litúrgica das mãos, enquanto liame entre o mundo carnal e o mundo espiritual: junto ao esquife do Senhor Morto dos índios kiriris, de Mirandela [*Figura 11*], na casa dos milagres e na prece de uma mulher na igreja de Juazeiro do Norte [*Figura 12*]. Ou na tentativa inútil de tocar o rosto torturado do Senhor dos Passos, na igreja de São Francisco do Canindé [*Figura 13*]. Ou ainda nas mãos erguidas para o céu, em Bom Jesus da Lapa [*Figura 14*]. As mãos, em particular a mão direita, estendem-se para colher e recolher a sacralidade dos santos ou dos céus. A extrema importância das mãos, em especial da mão direita, no contato com o sagrado. Mãos de um corpo dividido, decomposto em partes, classificado, inserido no universo das dilacerações do mundo – o sagrado e o profano, o puro e o impuro, a mão direita e a mão esquerda.

O poder simbólico das mãos reaparece na obra fotográfica de Tiago Santana sobre Juazeiro. Não é qualquer mão que enlaça o carnal e o espiritual. As mãos nas fotos de Santana são no geral mãos profanas no cenário do sagrado, e não as mãos da sacralidade. São mãos da vaidade, ou mãos utilitárias, ou mãos inúteis. Em sua fotografia, elas são o *punctum*: o que uma mão diz a outra desdiz.[29] [*Figura 15*] Essa desconstrução está claramente presente na foto das duas mulheres rezando com a cabeça encostada na pedra ao pé da escultura monumental do Padre Cícero, foto feita em Juazeiro do Norte, em 1993. A mão esquerda da mulher mais nova, de trança e roupa escura, constitui um quase sacrilégio no ambiente de beatas e romeiros de Juazeiro do Norte. Pelo teste que fiz na foto preto-e-branco, as unhas estão pintadas, provavelmente de vermelho, uma cor que causa arrepios nos seguidores do Padre Cícero, evitada em trajes e objetos. Os romeiros usam de preferência o azul-claro e o branco, cores de Nossa Senhora das Dores, da devoção do "Padim".[30] A mesma mão, é verdade, segura um terço, mas ostenta anéis e uma pulseira. A pessoa ostenta no pescoço um colar de metal, provavelmente dourado. O contraste é claro com a senhora idosa, ao lado, de roupa clara, sem adornos, que pousa a testa sobre a mão direita. As mãos estão aí polarizadas no seu simbolismo forte na religiosidade popular brasileira. Do mal é a mão

---

[29] Em sua definição de *punctum*, Barthes refere-se ao acaso que punge por oposição a *studium* (Roland Barthes, *A Câmara Clara*, op. cit., p. 46). No entanto, a definição de acaso é aí imprecisa. Ela poderia legitimamente incluir a intuição antropológica do fotógrafo não-antropólogo, isto é, do autor de fotografia artística ou documental que incorpora à sua fotografia o que o cientista social pode ler e interpretar como decodificador, como revelador da etnografia que há na fotografia não intencionalmente etnográfica. É o caso dos cinco autores desta exposição. Na sua concepção de "inconsciente ótico", Benjamin assinala com precisão esse ponto de referência fundamental para a leitura da fotografia pelas ciências sociais (Walter Benjamin, "Pequena história da fotografia", *in* Walter Benjamin, *Obras Escolhidas*, v. 1, 7. ed., trad. Sergio Paulo Rouanet, Editora Brasiliense, São Paulo, 1994, p. 94). Schaeffer reitera a constatação da "amplificação do universo visual que devemos ao dispositivo fotográfico" (Jean-Marie Schaeffer, op. cit., p. 20-21). Samain, comentando Barthes quanto ao *punctum*, vai, enfim, ao essencial: "Ele é o sentido obtuso, um sentido que não pertence mais ao domínio da língua, mas que se confessa na abertura de uma ferida. É a ausência e o silêncio de todo sentido que, paradoxalmente, provocam um novo sentido, este grito íntimo, intenso, necessário a seres vivos, confrontados naquilo de que sempre a fotografia fala: a vida e a morte, o tempo e a existência." Cf. Etienne Samain, "Um retorno à *Câmara Clara*: Roland Barthes e a antropologia visual", *in* Etienne Samain (org.), *O Fotográfico*, op. cit., p. 131.

[30] Euclides da Cunha já havia observado na guerra sertaneja e religiosa de Canudos (1896-1897) que os beatos "vestem roupas azuis, cingidas as cinturas por cordas de linho alvíssimo; não variam nunca este uniforme consagrado". Cf. Euclydes da Cunha, *Canudos. Diário de uma Expedição*, Livraria José Olympio Editora, Rio de Janeiro, 1939, p. 38-39.

esquerda e do bem, a direita. Opostos que se repelem, aqui justamente marcados pela mão esquerda que ostenta o ouro, o bem da Besta, como advertem os textos de cordel sobre as profecias do Padre Cícero, textos tão cheios de sugestões de imagens. A mão profanadora que contrasta com a cena reaparece na foto de 1995, dos fiéis na via-crúcis da penosa subida ao horto. No canto esquerdo, a pessoa negra olha na direção contrária enquanto consome um picolé [*Figura 16*].

De diferentes modos, os temas desconstrutivos estão presentes nas fotografias dos cinco autores.

Adenor Gondim documenta momentos solenes dos desempenhos rituais da Irmandade de Nossa Senhora da Boa Morte, de Cachoeira, na Bahia. Corporação de mulheres descendentes de escravos africanos, que praticam o candomblé, invertem o costumeiro sincretismo que apresenta em primeiro plano santos católicos que são, ao mesmo tempo, ocultações de divindades africanas. Em suas práticas religiosas, proclamam a mortalidade de Nossa Senhora, que, segundo a crença, não morreu, mas foi arrebatada. Humanizam, portanto, a mãe do Deus católico e a tornam sua cativa, velando-a como se morta fosse no dia da celebração de sua ascensão ao céu [*Figura 17*]. Praticam algo que é, certamente, o elemento constitutivo mais forte do catolicismo popular: as inversões, o manejo dos contrários como meio de lidar com a conciliação cultural impossível, a funcionalidade irrealizável.

Em Canudos e no Contestado, guerras camponesas de motivação religiosa, as inversões reencantaram o mundo, regeneraram as conexões rompidas e as estruturas sociais dilaceradas pelas inconsistências do mundo material e profano. As devotas da Boa Morte atuam no limiar do profano e do sagrado, mas também no limiar de catolicismo e candomblé. A bela e competente fotografia de Adenor Gondim mostra-o bem. Elas negam, de fato, o suposto sincretismo. Apossam-se dos paramentos católicos, como a estola da sua celebrante, enquanto adorno adicional de suas vestes solenes, rituais e tradicionais.

Um dos aspectos sociologicamente mais importantes da existência e atuação da Irmandade da Boa Morte está na substancialização das palavras. Nossa Senhora da Boa Morte, na crença católica, não é a Madona que morre, mas a que faz companhia ao moribundo, que abre seu caminho no doloroso transe, na agonia. A designação de sua devoção, no entanto, foi lida ao pé da letra: uma Nossa Senhora que tem uma boa morte, a morte desejada, cercada pela família vicária, as negras egressas do cativeiro que, com ritos, orações e a luz das velas, asseguram-lhe a libertação que a boa morte representa. No seu contrário, ela se torna uma Nossa Senhora que morre, que inverte os códigos e os poderes de que é expressão e símbolo. Uma Nossa Senhora mortal que carece do amparo dos humanos e, dentre eles, dos mais humilhados, os que carregam no corpo e na história pessoal as marcas profundas do cativeiro injusto, para que se efetive a dialética da ressurreição.

Essas desconstruções e inversões enchem de imagens e adornos os rituais. E, também, de imagens possíveis, como as imagens fotográficas que vemos aqui.

As religiões populares no Brasil têm sido intensamente visuais. Excetuados os episódios de repressão policial contra as culturas africanas (o candomblé, a capoeira), em que as práticas tiveram que se disfarçar no interior de outras formas culturais sancionadas pela lei ou pela tradição. Desde a Conquista, as práticas religiosas sempre tiveram intensa visualidade. E o visual parece ter estado associado não só à teatralidade da relação com os catecúmenos. A colonização foi também colonização visual, colonização do olhar dos povos subjugados.

É possível fazer uma ampla etnografia do olho, do olhar e do visual na cultura subalterna das populações rústicas do Brasil. Essencial é a centralidade simbólica do olho na agonia, no momento da morte, juntamente com a importância do ouvido e da fala (da boca). O crucifixo ou o santo de devoção do moribundo, para serem vistos, tocados e beijados no momento extremo, um modo de ocupar os sentidos no instante do perigo maior, o risco da posse da alma pelo demônio, um circunstante obrigatório no imaginário da agonia no catolicismo popular brasileiro. Esse é o momento supremo do visível, justamente quando o visível se nega no invisível das ocultações próprias desse momento liminar. Nega-se no que tem visibilidade unicamente através da fé.

Aí se constitui o campo socialmente ambíguo e contraditório em que está situada a rica diversidade de imagens possíveis em que os fotógrafos podem mover-se. Esse é um mundo de tradição, mas também de criatividades potenciais, de interveniências possíveis, de expressões formalmente novas do que parece antigo e persistente.

Se em Cravo e Gondim existe uma estética da fé, uma recaptura do barroco que ainda há nas evidências da fé por parte dos crentes, em Bassit, Santana e Saggese há um intuito claro de negar esse barroco, de indicar a materialidade circunstante da prática da fé no catolicismo popular. Os dois últimos nos falam do progresso inevitável do que é propriamente secular, do cerco que limita e demarca até os momentos mais solenes e de maior entrega na manifestação da fé, como o das romeiras rezando de cabeça encostada na base da estátua monumental do Padre Cícero.

Pode-se, pois, refletir não só sobre a fotografia dos fenômenos religiosos, mas também sobre as circunstâncias específicas da absorção do fotógrafo na própria construção social do sagrado.

Nos vários centros religiosos ou lugares de peregrinação em que estive, é possível observar uma gradação no comportamento dos fotografados. E, portanto, a proposição de que não só a fotografia se incorpora ao sagrado, mas também o fotógrafo. Admiti-lo na cena sagrada, tolerar sua atuação diversa da atuação propriamente litúrgica, é tolerar sua intrusão e recriá-lo simbolicamente como protagonista do culto, mesmo que disso ele não se dê conta.

Nesse caso, contraditoriamente, o fazedor de imagens é reconhecido como um iconoclasta potencial. Sua iconoclastia está no desconstrutivismo de suas composições, no seu necessário afã de superar e negar o realismo da verossimilhança. Está na sua missão de ir além da suposta epistemologia do olho e do olhar. É nesse plano que a fotografia pode tornar-se obra de arte. É nesse plano, também, que ela pode se tornar antropológica e sociologicamente documental.[31] O que me permite supor que o tempo e o espaço do sagrado nessa cultura de conversão, que é a do catolicismo popular, constituem-se em mediações ao mesmo tempo demonizadoras e includentes. É nesse maniqueísmo autoprotetivo que se move (ou não se move) o fotógrafo dos fenômenos religiosos e é nele que a fotografia pode ter (ou pode não ter) abrigo e sentido.

Nos momentos mais sagrados, há maior indiferença em relação a quem fotografa. São os momentos de maior concentração e compenetração. Momentos em que as pessoas se deixam confundir com o sagrado. Elas

---

[31] Tomo como referência dois textos fundamentais sobre o tema. Cf. Robert A. Nisbet, "Sociology as an art form", *in Tradition and Revolt*, Vintage Books, New York, 1970, p. 143-162; e Robert Nisbet, *Sociology as an Art Form*, Oxford University Press, London, 1976.

próprias são componentes da sacralidade. Há uma certa metamorfose das pessoas, uma despersonalização, uma queda da máscara, da *persona*. São os momentos de intensa objetivação do sagrado, de constituição de um todo único, singular, específico na comunhão do sujeito e do objeto. Um momento de transfiguração.

Pude ver isso em certos momentos no Círio de Nazaré. Momentos de intensa emoção, de intensa identificação com o objeto sagrado, de intensa entrega. Em Aparecida do Norte, na sala das velas, também é possível observar isso, ainda que com menos dramaticidade. A atitude é mais atitude de oração, de contemplação. Em Bom Jesus de Pirapora, o mesmo pode ser dito das pessoas que sobem a escada para orar brevemente aos pés do Cristo sofredor. E aí, como no Círio, a necessidade de tocar o objeto sagrado, o toque que assegura a consumação do sagrado e a purificação do crente. As fotos que fiz dos puxadores da corda da berlinda de Nossa Senhora de Nazaré, na procissão do Círio, são fotos de corpos e, sobretudo, rostos torturados pela dor e pelo sofrimento físico. (Uma procissão que tinha, naquele ano de 2000, 1,7 milhão de participantes). O espaço circundante se sacraliza nessas atitudes, incorporando tudo e todos, ainda que com diferenciações óbvias, do mais sagrado ao menos sagrado. Há uma ordem que inclui tudo nas gradações do sagrado.

Nos lugares de romaria, é comum a realização de uma foto de família defronte a uma imagem do santo ou, sobretudo, defronte à fachada da igreja. Até hoje os romeiros que vão a Aparecida do Norte querem ser fotografados diante do santuário antigo, quase contemporâneo da aparição da santa, mesmo que seja para depois levar as fotos para a sala de milagres no monumental e moderno santuário relativamente distante. O novo santuário é o lugar da missa, e o velho santuário ainda é o lugar do apogeu da fé. No novo santuário estão os padres, e no velho está a santa, não a imagem, a santa imaginada. A fotografia entra nessa fé produzindo a necessidade de imaginar o invisível, que é o sagrado, simbolizado pelo templo antigo. Daí a importância que adquire a figuração do sagrado nas fotografias de recordação de peregrinações e romarias.

Nesse sentido, o aparecimento da fotografia, nesse universo da fé, veio preencher uma necessidade: a necessidade de imaginar o sagrado, de imaginar-se no sagrado, e a necessidade de verossimilhança nesse imaginar. A necessidade de visualizar o mais precisamente possível as mediações simbólicas e o objeto constituído pelo milagre, sobretudo visualizar a sua materialidade, a sua carnalidade, a sua humanidade. Porque o milagre só pode existir na relação dos contrários: o sagrado se troca com o profano, o propriamente material, para regenerá-lo, e nessa troca, nesse toque, sacraliza o que foi tocado, promove a ressurreição do que estava morto, na morte parcial da doença, do ferimento, da dor. Nessa troca, a fotografia também se reveste de sentido como momento singular do próprio sagrado.

3

Impressões de visita a uma
exposição de Sebastião Salgado

Fui, numa noite de abril de 2000, com a família e amigos, visitar a exposição *Êxodos*, de Sebastião Salgado, no Sesc Pompéia, em São Paulo. Tive, nessa ocasião, a oportunidade de conversar rapidamente com ele sobre minha "leitura" de suas fotografias, exposta de passagem de um de meus livros (*A Sociabilidade do Homem Simples*)*. Infelizmente, a verdadeira multidão que tomou conta da enorme sala de exposições, naquela noite inaugural, e a inevitável conversação própria de uma festa merecida impediram que a conversa se estendesse. Do mesmo modo, a aglomeração de gente não permitia que se visse cada foto de maneira apropriada, com calma e reflexão. As fotografias lá expostas despertavam deslumbramento, emoção e compaixão. A atitude própria para vê-las era a atitude do silêncio, da meditação demorada e da reflexão frente a um panorama tocante da condição humana naquele fim de milênio. Foi a primeira de três visitas que fiz à mesma exposição. É que a fotografia documental não diz tudo à primeira vista. Não é raro que peça para ser interrogada por quem a vê.

Êxodos não era uma exposição sobre a miséria, sobre os efeitos da globalização, sobre as conseqüências do tão mencionado e tão pouco explicado neoliberalismo. Afinal, quem sabe o que é isso? A exposição de Sebastião

---

* Nota do Editor (N.E.): *A Sociabilidade do Homem Simples*, Editora Contexto, São Paulo, 2008.

Salgado era na verdade um panorama sobre a beleza da condição humana nas situações de adversidade extrema: um terremoto, a desorganização social, as migrações, a miséria, a intolerância política, as guerras étnicas, a ambição, a alienação e o desespero como se expressam como sede de capitalismo, o capitalismo como refúgio. A fotografia de Salgado transforma o enorme sofrimento, que essas condições causam, num belíssimo manifesto visual sobre a esperança. A obstinação pela vida, a dignidade, a fé, estão ali, em cenas e retratos tomados nas circunstâncias duras da luta pela vida e pela sobrevivência.

Não raro, a fotografia de Sebastião Salgado tem sido usada pelo panfletarismo ideológico. Seria uma pena se os fotógrafos, e ele próprio, caíssem na cilada de considerar a fotografia, e esse conjunto temático de fotografias em particular, como um manifesto político e partidário. O coração e o olhar de Salgado estão com os humilhados e ofendidos, sem dúvida alguma. Sua inteligência nos mostra que a condição humana proclama sua beleza em todas as horas, nas mais duras e terríveis, nas mais sofridas e adversas. Até mesmo nos equívocos dos meandros da trama de fuga e de busca. Isso está muito além dos embates partidários e das questões políticas. Ou, talvez, por isso mesmo, suas imagens fotográficas encerrem uma dimensão propriamente política, mas não necessariamente partidária. Política pela inevitável proclamação que contém. A fotografia de Salgado nos diz, acima de qualquer dúvida, que o mal não prevalece contra o bem.

Na majestade do olhar das crianças que ele fotografou, essa maravilhosa incógnita do nosso gênero humano pede para ser decifrada corretamente, com generosidade. Uma bela celebração de Semana Santa, sem dúvida, que foi a época em que a exposição se realizou. Uma apropriada celebração da Páscoa dos quinhentos anos da fundação da nossa nacionalidade, de um jeito muito brasileiro: o do anúncio da grandeza do homem nos limites da condição humana, coisa que o Brasil sempre foi e continua sendo.

Voltei ao Sesc Pompéia para uma nova visita à exposição. Havia muitos visitantes, mas não tantos como na véspera. Nosso grupo pôde contemplar demoradamente cada fotografia, observar detalhes, trocar idéias sobre cada obra. Uma visita calma, enfim, como eu queria. O quase silêncio de fim de tarde era propício àquilo que as fotografias parecem propor: a meditação interior, a observação pensativa sobre a nossa humana condição nos seus muitos e dolorosos momentos de limite, tensão, dificuldade, incerteza e sofrimento.

Sebastião Salgado estava lá com sua família e membros de sua comunidade de trabalho. Pudemos conversar com ele e sua esposa, calmamente, já no fim da visita, quando eles também se preparavam para ir embora. Fomos cumprimentá-lo pela mostra e ouvir sua própria impressão sobre as fotos. Alguns aspectos dessa relação difícil entre arte, documento e consciência social, em seu trabalho, ficaram mais claros para mim.

Compreendo que um fotógrafo como ele, preocupado com os variados e complicados aspectos da questão social, recuse a idéia de que suas fotografias fiquem, eventualmente, reduzidas à mera contemplação estética, ao mero prazer visual. É o que ele tem manifestado repetidamente. Até porque essa contemplação unilateral, em seu caso, é impossível. A fotografia de Salgado, se é uma vigorosa denúncia dos efeitos perversos da globalização, é também uma denúncia do esteticismo gratuito, mero deleite de quem fotografa. Mas nem por isso deve-se desconhecer sua inevitável preocupação estética, ainda que espontânea, no ato de fotografar e no ato de escolher as fotos para uma exposição ou um livro.[1] A simultânea exposição de sua feitura, na Escola de Fotografia do Senac, foi uma boa indicação de como o fotógrafo combina o difícil equilíbrio que precisa lograr entre o drama social que viu e fotografou, de um lado, e a versão fotográfica de sua apresentação e exibição, de outro. Sem dúvida, a mera inquietação estética pode arruinar uma fotografia de temas sociais pungentes. Mas o simplório denuncismo visual também pode arruinar uma fotografia com seu imaginário e seu didatismo demagógicos.

---

[1] Barnouw lembra que, em seu livro mais importante, Kracauer diz que "como a reportagem investigativa emprega estratégias literárias, assim também a fotografia e o filme documentários empregam estratégias artísticas – de perspectiva, seleção, composição". Cf. Dagmar Barnouw, op. cit., p. 433.

O "voyeurismo social",[2] de que o pensador francês Baudrillard o acusou pouco antes dessa exposição,[3] no caso, o espiar o drama e a tragédia dos pobres pelo visor da câmera fotográfica, só se configura na fotografia descomprometida, porque sem impacto na consciência social. Sem tornar-se retrato de quem a vê muito mais do que de quem é visto. A fotografia banal ou a profissional, de cunho documental – que não contém a elaboração estética que a desconstrói para torná-la, em conseqüência, objeto da consciência social, fator de indagação e de reflexão, de consciência de um débito de condição humana –, pode ser artesanalmente correta, mas dificilmente se inscreverá no rol dos elementos da práxis transformadora e emancipadora do homem. Jean-François Chevrier foi mais contundente falando em "esteticismo vaidoso", exatamente o oposto do que Salgado presume fazer.

Motivações opostas parecem encontrar-se aqui no desconforto do pensador e do crítico mergulhados no exercício contemplativo e filosofante da busca do objeto puro, "descontaminado" das misérias humanas. Desconforto com a desordem do mundo em face dos requisitos próprios dos cânones de um conhecimento visual pasteurizado. De quem, portanto, perdeu a relação vital com o mundo e a vida, com aquilo que filósofos de outros tempos chamavam de "práxis", o agir coletivo e consciente voltado para emancipar o homem de suas carências.

Sabemos todos, e isso fica claro na obra de Salgado, que se não é possível apreciar isoladamente a dimensão propriamente estética e artística de uma obra, como a desse notável fotógrafo, não é possível também separar os temas

---

[2]   Em 18 de abril de 2000, Jean-François Chevrier, professor da Escola Nacional Superior de Belas Artes de Paris, numa crítica ácida à obra de Salgado, disse, a propósito de *Êxodos* que "À frente das imagens, não é, portanto, o sujeito que retém o olho, nem a testemunha, mas o esteticismo vaidoso que anestesia a realidade, a doação aceitável, reconhecível e consensual." Cf. Jean-François Chevrier, *Salgado. Êxodos, a exploração da compaixão*. Disponível em: <http://photosynt. net/ano2/03pe/idéias>. Numa entrevista a Carlos Graieb, Susan Sontag faz um reparo à exposição *Êxodos*, de Sebastião Salgado, por não ver nela a necessária distinção entre pessoas que fogem, porque vitimadas pelo sofrimento da guerra, e pessoas que fogem para as cidades, porque vitimadas pela pobreza. Sobre o esteticismo na fotografia, diz ela que há fotos poderosas justamente por sua dimensão estética. Cf. Carlos Graieb, Entrevista com Susan Sontag, *Observatório da Imprensa*, 8/21, 26 ago. 2003. Disponível em: <http://observatorio.ultimosegundo.ig.com.br/artigos>.

[3]   Crítico, também, em relação a Cartier-Bresson, o ponto de vista de Baudrillard sobre a fotografia de Sebastião Salgado é mencionado em entrevista a Sheila Leirner. Cf. Jean Baudrillard, "Nem Salgado nem Cartier-Bresson", *in República*, ano 3, n. 30, São Paulo, abril de 1999, p. 94.

e problemas sociais expostos através da fotografia e examiná-los isoladamente como se a fotografia fosse apenas um pretexto e uma diversão do fotógrafo. Porque, nesse caso, o fotógrafo seria não só inútil, mas sua obra seria, sobretudo, um insulto à nossa consciência e àqueles cuja tragédia nela foi registrada.

Conversávamos em grupo, quando perguntamos a Sebastião Salgado e sua esposa se eles haviam visto o mural de desenhos feitos por crianças que visitaram a exposição, desenhos inspirados nas fotos que haviam apreciado na exposição. Eles ficaram curiosos e fomos juntos ver o que as crianças haviam desenhado. Crianças foram convidadas, nos diferentes bairros da cidade, também nas favelas e invasões, para visitar a exposição *Êxodos* e, depois, estimuladas a traduzir em desenhos suas próprias impressões das fotografias vistas. Salgado e seu grupo examinaram em detalhe os desenhos expostos e tiveram sua atenção atraída para o que mais impressionava nesse painel: a forte presença do tema da morte e do tema correlato da paz.

Pouco antes, quando o nosso grupo havia visto o painel pela primeira vez, logo no começo da visita, ainda encontramos algumas crianças que comentavam os trabalhos de seus colegas. Um dos nossos perguntou a elas qual das duas partes da mostra mais as impressionara, uma sobre o drama do êxodo em diferentes lugares do mundo e outra sobre crianças pobres em diferentes lugares. As crianças não acharam interessantes as fotos da exposição sobre crianças, ali ao lado, mas ficaram muito impressionadas com as fotos da exposição principal, *Êxodos*. Nessa parte da exposição, o que impressionara mais? "Tanta gente morta sem ninguém com elas", respondeu um menino. Ele estava se referindo, provavelmente, aos massacres étnicos de Ruanda.

Eis o ponto: o olhar das crianças foi golpeado pela solidão na hora da morte. Elas não sabiam, mas estavam expressando um dos valores mais fortes da nossa cultura ibero-americana: a sociabilidade comunitária da morte, a co-responsabilidade dos vivos pelo destino dos que partem para sempre. Nenhum abandono é maior, nenhuma injustiça é maior. Em nossa cultura rural há o costume de acender uma vela e pô-la nas mãos do moribundo, para ajudá-lo na travessia para o outro mundo. O abandono é o pior dos modos de morrer. Não abandonar o moribundo, pôr-lhe a vela nas mãos, chama-se, desde os tempos coloniais, "ajudar a bem morrer", um rito que vai desaparecendo. A morte é o tenebroso transe, o mergulho na escuridão eterna. A luz nas mãos do moribundo é a última ajuda dos vivos para que o ele encontre nas trevas o caminho de seu destino e de sua paz eterna. Sem o que será a perdição, a escuridão para sempre.

É maravilhoso que um menino de 9 ou 10 anos de idade tenha visto na fotografia de Sebastião Salgado esse lado sem conserto da tragédia humana de nossos dias. Ver a exposição e ver quem a vê é, sem dúvida, o modo apropriado, de quem se interessa por fotografia, de observar criativamente a obra de outro fotógrafo com uma proposta tão rica quanto a desse fotógrafo.

Muitos fotógrafos temem e recusam a reflexão interpretativa sobre a fotografia, coisa que aquelas crianças estavam fazendo. São os que separam radicalmente fotografia e conhecimento. E nisso está o seu pecado. É que a fotografia constitui uma forma de conhecimento visual do mundo. Nesse sentido, o fotógrafo também é um produtor de conhecimento e seu trabalho é, sem dúvida, trabalho intelectual. Obviamente, o que dá sentido ao trabalho do fotógrafo não é o clicar do botão (Frank Hogart, grande fotógrafo radicado na França, tem como lema esta frase: "A fotografia é a arte de não clicar o botão"). Também não o é o lado puramente físico do trabalho no laboratório que define o sentido da fotografia. O trabalho no laboratório seria impossível se o fotógrafo não fosse um intelectual, não dominasse um sistema de conhecimento. Se não partisse dessa referência, o fotógrafo não poderia clicar o botão da câmera, não poderia lidar com a luz, com a sensibilidade do filme, com a riqueza de perspectivas de seu próprio olhar. Não poderia decidir se fotografa deste jeito ou daquele.

Estou falando do conhecimento que transcende o conhecimento de senso comum, o mero conhecimento prático de todos os dias. Não fosse isso, não poderíamos admirar, apreciar e comentar a obra de fotógrafos como Sebastião Salgado, Cartier-Bresson, Juan Rulfo e tantos outros. Ficaríamos no limite prosaico da apreciação limitada a uns poucos conceitos do dia-a-dia: "bonito", "feio", "claro", "escuro" ou, pior, "O que é isso?!".

Muitos fotógrafos ainda estão presos à ideologia profissional dos antigos artesãos-fotógrafos. Não perceberam que a sociedade moderna fez deles artistas e intelectuais. Não é necessário ser vulgar e panfletário para fazer da fotografia um instrumento de consciência social. Portinari fazia crítica social pintando. Goya também. Sebastião Salgado faz crítica social fotografando, produzindo conhecimento e consciência através da fotografia e da arte. É essa modalidade de consciência que nos separa dos simplismos próprios das conversas do botequim da esquina. Precisamos dela para nos levantarmos acima do chão, idéia contida no título de um dos livros de Saramago.

É inevitável, porém, em relação ao tema, comparar a obra fotográfica (e a concepção de fotografia) de Sebastião Salgado, economista, com a de Gisèle Freund, socióloga.[4] Freund começou a fotografar nos anos 1930 e suas primeiras fotografias foram feitas em Frankfurt, em 1932, de manifestações de rua de comunistas e também de nazistas. Judia e comunista, era dotada de uma sensibilidade temática e estética claramente comprometida com a diversidade social, dona de uma sutil concepção de crítica social porque baseada no reconhecimento da legitimidade e da necessidade histórica dos contrários no processo social e nas transformações sociais. Suas opções temáticas "vasculham" no real os indícios da desconstrução da imagem para compô-la, os indícios da tensão tendente à universalidade do homem até nos obstáculos que a bloqueiam.

Já a fotografia dramática de Salgado, não obstante sua riqueza e beleza, tende a se tornar prisioneira das particularidades e do singular, sem indícios imagéticos que proponham ao espectador a desconstrução interpretativa e propriamente política que o fotógrafo pretende. A carga histórica das cenas não está indicada nem contida nas próprias situações fotografadas, mas apenas suposta estaticamente na adversidade em si documentada pela fotografia. Há um certo fundamentalismo imagético e pré-político em sua obra, expressão, sem dúvida, de um ímpeto de justiça mediatizado pela visão de mundo dos interlocutores de sua fotografia, que são preferencialmente os que a vêem. Em comparação com Freund, essa limitação indica uma relativa pobreza de mediações na riqueza propriamente dramática da obra de Salgado.

A fotografia de Freund desafia quem a vê a observar também os finos indícios de esperança e de que a vida continua, como na série de fotos de desempregados na Inglaterra dos anos 1930. O trabalho perdido não é redutivo nem afeta radicalmente as pequenas expressões residuais que no cotidiano libertam a vida de suas determinações econômicas e de suas privações, como o sorriso no ato fotográfico, especialmente o sorriso das crianças. Salgado, para ter a liberdade de fotografar as cenas que imaginava, optou por fotografar as crianças à parte, de modo a neutralizá-las, o que faz de sua visível inocência e candura um contraponto mecânico em relação

---

[4]   Cf. *Gisèle Freund, Photographer*, op. cit.

a *Êxodos.*[5] Fez retratos belíssimos, mas cindiu a realidade privando-a da tensão própria e cotidiana que dá sentido à adversidade como momento da esperança, e não, equivocadamente, como estado e estático indício.

Mas é, sobretudo, na abertura para a diversidade social e das experiências sociais, como nas fotos da América Latina e nos retratos de intelectuais, que Gisèle Freund revela-se fotógrafa cujo modo de ver a situa na tradição da esquerda, em que se vêem o detalhe e o particular na perspectiva da totalidade e suas contradições, na tensão do que é histórico e transitório. As extraordinárias fotos do general Perón e de Eva Perón nos bastidores dos aparecimentos públicos, nos retoques finais da aparência, feitas para a revista *Life*, acarretaram-lhe a saída da Argentina. Mas constituem-se em eloqüente documento sobre a teatralidade do poder e a fragilidade do carisma. Os ricos e poderosos também são protagonistas da história.

Seus retratos coloridos e em preto-e-branco, dos grandes intelectuais de sua época, sobretudo escritores, ressaltam sutilmente os traços propriamente humanos dos rostos, sem lhes dar a beleza postiça de imagens construídas, embora as sejam. A Virginia Woolf da meia-idade parece incrivelmente menina e tímida, e ao mesmo tempo madura e confiante, nas fotos de Freund, tiradas, em 1939, menos de dois anos antes do suicídio da escritora. A fotógrafa, aparentemente, conseguiu registrar na imagem, com sensibilidade, o difícil equilíbrio interior da personagem, expressão de uma sociedade que entrava no mais trágico desequilíbrio social e político da história humana. Há uma época de cisão e indecisão na face de Virginia Woolf retratada por Gisèle Freund, como há uma época de derrota social e política do gênero humano em muitas das faces fotografadas por Sebastião Salgado.

Porém, a fotografia de Salgado coloca quem a vê diante de uma denúncia sem espaço de recuo, sem margem para a leitura crítica da imagem e sua compreensão e interpretação. O espectador se vê diante de uma realidade consumada e sem saída, a não ser a do êxodo, que é, sem dúvida, um modo de proclamar a esperança onde a esperança não parece existir. Mas há momentos, em sua obra, em que a possibilidade da esperança é transferida para a interpretação e volição do espectador da fotografia. A série sobre Serra

---

[5] Cf. Sebastião Salgado, *Retratos de Crianças do Êxodo*, Editora Companhia das Letras, São Paulo, 2000.

Pelada é, no fundo, uma série sobre o homem social e politicamente impotente, minimizado e consumido pelo próprio trabalho. Uma concepção que se confirma em *Terra*, as pessoas, até as crianças, encurraladas pelo trabalho penoso, pela pobreza, pela falta de alegria convincente e pela morte.[6] Mesmo na série sobre o Movimento dos Trabalhadores Rurais Sem Terra, o MST, a luta está sobredeterminada pela morte. A fotografia se propõe como coadjuvante de uma luta que é externa às situações e cenas fotografadas.

Nesse sentido, é uma fotografia para ilustrar e confirmar a culpa crescente da classe média pela miséria e pela injustiça alheias. A classe média, sobretudo os intelectuais, que na nossa América Latina, e ainda mais no Brasil, sempre se propôs como a protagonista da libertação e da emancipação do povo, tutora da liberdade alheia e própria e das saídas sociais e políticas numa história de opressão e pobreza. E que, no entanto, nas últimas décadas, se viu derrotada pelas ditaduras militares e pelas revoluções inacabadas.

Em comparação com a obra de Freund, a fotografia de Salgado é uma fotografia que documenta, sem pretendê-lo, as grandes perdas do imaginário da esquerda. Uma de suas poucas fotos, lindíssima, aliás, de um momento de triunfo dos pobres é ainda da série sobre o MST, a do arrombamento triunfante da porteira de uma fazenda, numa invasão no Paraná. É foto de uma teatralização: o fotógrafo já estava do lado de dentro da propriedade quando a invasão aconteceu, sendo ele, portanto, o primeiro invasor, que desconstrói e esvazia a foto de seu triunfo e de seu significado.[7] Num certo sentido, essa foto documenta a antecipação da classe média como tutora dos pobres e de seus movimentos sociais, abrindo cercas e porteiras antes que o povo possa fazê-lo, antecipação que anula o protagonismo das vítimas das adversidades, da injustiça e da pobreza.[8]

---

[6] Cf. Sebastião Salgado, *Terra*, Editora Companhia das Letras, São Paulo, 1997, p. 136-137.

[7] Fiz um estudo detalhado dessa foto. Cf. José de Souza Martins, "A epifania dos pobres da terra numa fotografia de Sebastião Salgado", *in* Lorenzo Mammi e Lilia Moritz Schwarcz (orgs.), *Oito Vezes Fotografia*, Editora Companhia das Letras, São Paulo, 2008, p. 133-171.

[8] O fotógrafo que se antecipa e invade para criar a imagem e realizar a militância através de sua artesania, de algum modo, se move da ideologia profissional do fotógrafo artesão-artista para a ideologia partidária do militante. A questão que subsiste diz respeito ao dilema implícito quanto a ser ele o fotógrafo que fez da fotografia o objeto e o objetivo do seu trabalho ou a ser ele o fotógrafo que faz da fotografia um meio regulado por aquilo que não é próprio dela. Ou seja, valendo-me de um depoimento de Cartier-Bresson, é ele testemunha ou é ele patrono de situações políticas ou sociais? No

A despeito dessa circunstância, no caso particular de Salgado, mesmo que o fotógrafo se dedique a temas sociais, é timidez limitante desconhecer que seu trabalho é também obra de arte, que pode ser apreciado como obra de arte, e é legítima modalidade de conhecimento. Não levar em conta que o cuidado estético presente na fotografia social, particularmente na dos temas sociais pungentes, é a única e legítima forma de expressar a indignação do fotógrafo, e seu protesto propriamente social, é manifestação de uma certa pobreza de compreensão do alcance da fotografia. É a riqueza estética da fotografia que decodifica as misérias do que foi fotografado. Impugnar a reflexão legítima do intelectual sobre a fotografia é mais do que intolerância: é obscurantismo, como o é questionar em Salgado a emoção do belo na imagem da adversidade. Pode acontecer, e aconteceu naqueles dias, que a fala do fotógrafo seja pobre se comparada com a imensa riqueza de sua obra fotográfica. Se não fosse assim, para que fotografar?

* * *

---

geral, os fotógrafos dos temas sociais vivem esse dilema. Diz Bresson: "Não posso provar com minha máquina, posso apenas testemunhar a partir da vida de todos os dias. [...] Nunca pus meu trabalho a serviço de uma idéia. Tenho horror às imagens que defendem uma tese." Cf. Michel Guerrin, "Exercícios da memória", trad. Clara Allain, *in Folha de S. Paulo* (*Folha Ilustrada*), 8 ago. 2004.

IMPRESSÕES DE VISITA A UMA EXPOSIÇÃO DE SEBASTIÃO SALGADO 107

Apêndice:

Salgado contra Salgado*

Acompanhei com interesse o debate com Sebastião Salgado no programa *Roda Viva*, da TV Cultura, em 17 de abril de 2000. Sobre esse debate, faço alguns comentários.

Em primeiro lugar, os debatedores estavam bastante distanciados da obra fotográfica de Salgado. Minha impressão é a de que o debate não foi sobre a fotografia desse fotógrafo notável, e sim sobre os problemas sociais supostos e reais que são tema de sua fotografia. (Digo "problemas sociais supostos e reais" porque ele mesmo informou que as fotografias de crianças foram feitas como parte de um justo e necessário jogo infantil: fotografar cada uma como recompensa prévia para que não atrapalhassem o trabalho fotográfico que estava fazendo.)

Mesmo especialistas como Maureen Bisiliat fizeram uma "leitura" fundamentalista da obra fotográfica de Salgado. Isto é, tomaram a fotografia como substituto do real, e não como fotografia, como obra fotográfica, como construção imaginária e estética. Nesse sentido, os debatedores, sem exceção, estiveram muito aquém da importância propriamente fotográfica de sua obra.

Em segundo lugar, o que não chega a ser propriamente uma novidade e uma surpresa: Salgado "caiu na armadilha" desse fundamentalismo visual. Falou quase todo o tempo como crítico social, e não como fotógrafo. Produziu, portanto, uma fala de legitimidade discutível, impressionista e ideológica, que de fato tem muito pouco a ver com sua fotografia. A crítica social de Salgado, ao se assumir como militante e defensor de uma causa política e partidária, acaba se tornando pobre em face da riqueza crítica de sua fotografia. Deixou de falar no âmbito do seu próprio "território de legitimidade", a fotografia, no qual muitos de nós gostaríamos que ele

---

* Publicado originalmente em *Observatório da Imprensa (Jornal de Debates)*, 27 abr. 2000. Revista virtual na internet. Disponível em: <http://observatorio.ultimosegundo.ig.com.br/atualiza/artigos/jd27042000.htm>.

tivesse permanecido. Nesse sentido, sua crítica social também está aquém do alcance, do significado e da dimensão artística de sua obra fotográfica.

Isso acontece freqüentemente com especialistas de diferentes campos do conhecimento. Por isso mesmo há um campo específico de teoria do conhecimento para que ele possa ser situado criticamente, um procedimento para conhecer o conhecimento.

Em terceiro lugar, se essas observações se comprovam, Salgado está em conflito com Salgado. Salgado crítico social tenta pela fala, pela escrita e pelo livro desconstruir sua obra fotográfica e impor o cânone de leitura de suas fotografias, um cânone pobre em face de uma fotografia rica. Várias vezes ele se insurgiu, no debate, contra interpretações acadêmicas, e de intelectuais, de sua fotografia. Esqueceu, pois, que Sebastião Salgado fotógrafo é um intelectual e fotografa como intelectual (foi aluno de economia na Universidade de São Paulo, onde aprendeu e incorporou definitivamente sua visão acadêmica do mundo). Seu trabalho fotográfico é um trabalho intelectual e de intelectual. A fotografia é um modo de produzir conhecimento. A intuição que ele supõe ser a de um fotojornalista é uma intuição construída numa formação acadêmica e, ao contrário do que ele afirmou expressamente, se propõe no território da razão, e não no território da emoção. Justamente por isso é que ele precisa falar tanto sobre sua fotografia, explicar tanto o objeto de sua obra fotográfica. A fala articulada, a fala que procura dar sentido a isto e aquilo, é instrumento da razão, nada menos.

Às vezes Sebastião Salgado dá a impressão de que sua fala pretende desqualificar sua fotografia, a pretexto de completá-la. Ele quer ter o controle do conotativo, coisa impossível para qualquer artista e mesmo para qualquer cientista (Oppenheimer, inventor da bomba atômica, tentou fazer algo parecido com sua obra, mas já era tarde demais).

A obra de Salgado não precisa de discursos e, menos ainda, de discursos de Salgado. Ou ela "fala" por si mesma ou "não fala". E, pessoalmente, acho que fala, fala muito e fala bem.

4
Carandiru: a presença do ausente (ensaio fotográfico)

"A prisão vista da torre de Babel" (2002)

"Endereço" (2002)

"Miragem" (2002)

"Visitas tardias" (2002)

"Censo dos esquecidos" (2002)

Movimento carcerário

Quantos são?
Quantos eram?
Quantos chegaram?
Quantos chegarão?
Quantos se foram?
Quantos sobraram?
Quantos viveram?
Quantos morreram?
Quantos ressuscitaram?

Quantas celas?
Quantos nelas?
Quantos pães?
Quantos pratos?
Quantos travesseiros?
Quantos sonos?
Quantos sonhos?
Quantas manhãs?
Quantas esperanças?

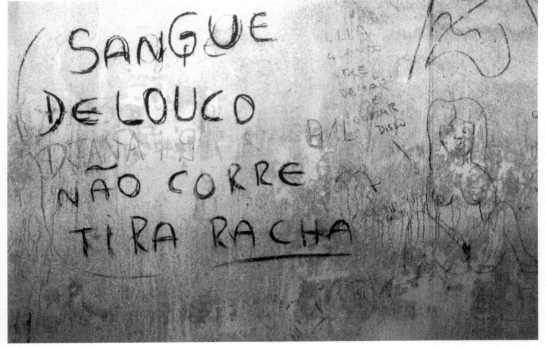

"Esclarecimentos" (2002)

"Expiação" (2002)

"Repouso" (2002)

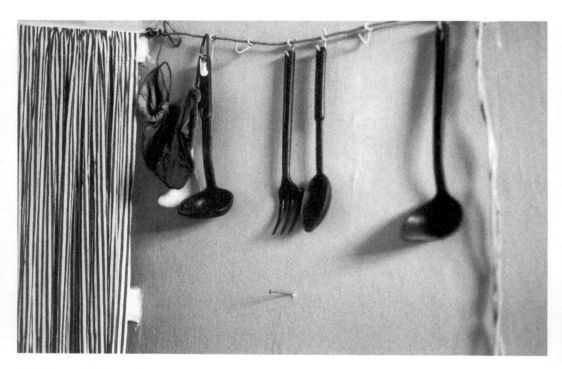

"Café-da-manhã" (2002)

"Corinthians" (2002)

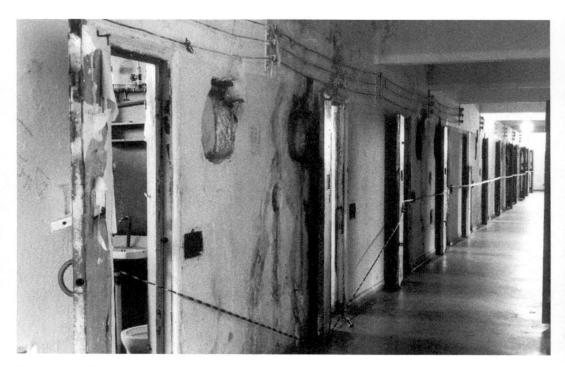

"Corredor I" (2002)

Rastros

Eles se foram.
Porém, ficaram
no mofo das paredes
e nos restos
da súbita partida.

Sombras vagando
de cela em cela,
de dor em dor,
de silêncio em silêncio,
de vazio em vazio.
Delírio. Desesperança.
Lá no fundo,
oco do mundo,
da vida
vaga lembrança.

A presença do ausente
em cada canto,
em cada coisa,
nas palavras
que as paredes falam
em silêncio,
rabiscadas
com pedaços de carvão,
no mural encardido
do nada.

Gritos sussurrados.
Poesia impoética.
Conselhos de quem errou
e erra ainda

na obscuridade
do labirinto
destes cômodos
incômodos.

Eu pensaria duas vezes
na condição de objeto
destes homens
transfigurados
em rabiscos,
colagens,
desenhos,
frias fotografias
de mulheres nuas,
impossíveis.
Cristos crucificados,
santas piedosas,
a redenção possível
da fé dependurada
num prego da parede.

Coisas deixadas para trás,
coador pronto
para coar o café
que não fumega,
prato à espera
da ração do dia
na mesa da noite,
testemunhos do que foi,
de quem foi e se foi,
e ainda ficou.

Verbo que se fez carne.
Transubstanciação
do vinho em pão,
corpos constituídos
de sangue alheio.
É a vida.
Incomunhão.
Receio.

Eu pensaria duas vezes
nesses objetos
tão cheios de humanidade,
nessas coisificações
testemunhais,
modo único de dizer
o que é o viver

e também o ser.
Nesses objetos
a liberdade grita,
nesses objetos
a condição humana
sussurra
o testamento
do irredutível.

Rastros
de humanos passos
na meia-luz
de um corredor.
Recados da vida,
contida.

CARANDIRU 123

"A escassa liberdade da luz" (2002)

"Arte prisional: o duplo e o medo" (2002)

"Prato vazio" (2002)

126 SOCIOLOGIA DA FOTOGRAFIA E DA IMAGEM

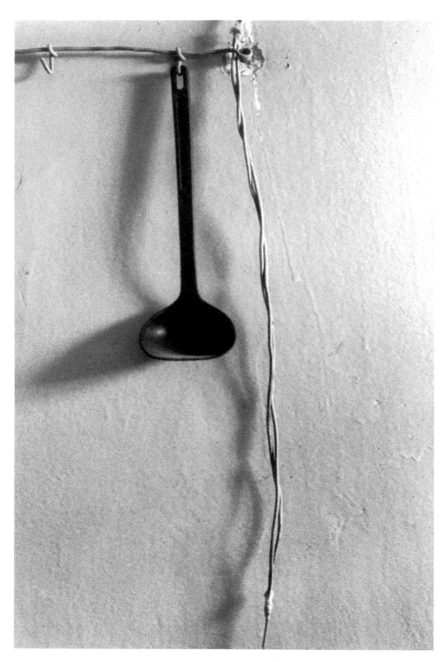

"Duplicação do pouco" (2002)

"Gota d'água" (2002)

"Improvisação: chuveiro elétrico" (2002)

"Improvisação: aquecedor elétrico" (2002)

"Levezas do ser I: privacidade" (2002)

"Levezas do ser II: fé e desejo" (2002)

"Última ceia" (2002)

"Restos da pressa" (2002)

"Fim de programa" (2002)

"Arte prisional: alegoria" (2002)

Apenas

São muitas as formas
desta informe escuridão:
a luz do sol prisioneira
desenha grades em vão.

Não adianta.
Aqui sou o avesso,
o revés,
o descomeço,
o apenas,
o tão-somente.

Vim-me embora
de Pasárgada.
Aqui sou amigo
da imaginação.
Quatro paredes,
grade-janela,
teto e chão.

Inútil: no fim,
o que se detém
nessas grades
da ilusão
é a detenção.
Cismas. Cismo.

Cerco,
círculo,
cerro,

negativos do erro,
erros do negativo.
Dentro de mim
o canto sem fim
de um canário
imaginário,
e antigo.
Amigo.

Aqui sou
o que não fui
nem serei
nem quero ser.
Sou o artigo tal
do Código Penal.
Sou a pena
não pequena.

No entanto,
aqui vejo
o que não vi.
No nada
tenho o tudo.
Nesse tudo
nada sou,
nada quero.
Tenho a pena.
E espero.

"Corredor II" (2002)

5

Mestre Vitalino:
a arte popular no imaginário conformista*

Quando Mestre Vitalino morreu, de varíola, em 1963, fazia mais de 150 anos que Jenner descobrira a vacina contra essa doença. E havia muitas décadas que no Brasil se praticava a vacinação contra ela. Morrer desse jeito, aos 54 anos de idade, num recanto do interior, não muito longe de uma das mais importantes capitais do país, é mais que tudo uma contradição reveladora: as populações rurais como humanidade residual, à margem do progresso e dos benefícios do desenvolvimento.

Mas essa não é a única contradição na história de Vitalino Pereira dos Santos. Mestre Vitalino, como era chamado, nasceu na roça e morreu analfabeto, pobre e famoso. Foi artesão e, ao mesmo tempo, símbolo da arte popular brasileira. Sua morte apagou de sua história pessoal o mundo que o criou, que o inspirava e instigava. Sua morte deu visibilidade apenas ao artista. O Vitalino que conhecemos não é o homem simples do agreste pernambucano. É, sobretudo, a expressão do imaginário erudito de uma elite que, desde a Revolução de Outubro de 1930, uma revolução modernizadora, tenta se reconciliar com o povo, com os simples, com os pobres da

---

* Versão revista de texto escrito para o catálogo da exposição *Heroes and Artists: Popular Art and the Brazilian Imagination*, comemorativa dos 500 anos do Brasil, no Fitzwilliam Museum, Cambridge, Inglaterra, aberta em 3 de outubro de 2001. Publicado por Tânia Costa Tribe (ed.), *Heroes and Artists. Popular Art and the Brazilian Imagination*, The Fitzwilliam Museum, Cambridge, 2001, p. 50-53

terra. Tenta erguer uma ponte sobre o abismo aberto pelo fim da escravidão e a reveladora desagregação de seu mundo orgânico, o da comunidade dos desiguais em que se baseava o escravismo.

Vitalino aparece em suas biografias "oficiais" apenas como artista, desde sempre, desde uma primeira escultura de barro vendida, quando tinha 6 anos de idade. Nessa venda o mercado inaugura Vitalino e, no desfecho de sua história, a política, através da mídia, o consagra para consagrar-se. Vitalino se realiza num mundo que não é o seu e que via com estranheza, como nos mostra a ironia de sua cerâmica.

Sua biografia difundida, seletiva e desenraizada, nos mostra que o Vitalino que conhecemos e admiramos é sobretudo fruto de um reconhecimento que coincide, significativamente, com os anos do desenvolvimentismo brasileiro, os anos 1950 e início dos anos 1960, a era do Presidente Juscelino Kubitschek, os anos da grande onda de industrialização e modernização do país. Foram, também, os anos do grande empenho do Estado nacional em incorporar ao Brasil o Nordeste pobre e rural, o Nordeste da seca, do retirante, do sem-destino.

Vitalino foi exibido e sua obra mostrada, dentro e fora do país, como expressões dessa tomada de consciência de que existia dentro do Brasil um país chamado Nordeste, em cuja pobreza o povo era capaz de coisas tão simples e belas como as esculturas do artesão de Caruaru. Vitalino era a prova viva de que nem tudo no atraso econômico era também atraso cultural, de que havia criatividade e imaginação no mundo do tradicionalismo sertanejo. Vitalino emerge das brumas da História como expressão de uma identidade do povo brasileiro, de um povo que, embora sofra, participa, comunga em vez de cindir, junta em vez de separar.

Não fosse aquela fase histórica do país, Vitalino, provavelmente, teria morrido desconhecido, como mais um artesão a vender suas peças de barro na famosa feira de sua terra, sentado humildemente diante delas à espera da freguesia, como vi numa velha foto sua dos anos 1940. Sua notoriedade aconteceu tardiamente e muito depressa, num tempo muito curto, entre 1953 e 1961, os anos da euforia desenvolvimentista e os anos da "descoberta" do Nordeste como lugar de uma humanidade sofrida, a descoberta de um outro Brasil.

De certo modo, na orientação ideológica do desenvolvimentismo, Vitalino passou a simbolizar a criatividade e a alegria que havia por trás dessa pobreza, o homem novo possível que havia no homem velho do tradicionalismo, o homem que falava a linguagem universal da arte, e não simplesmente a linguagem localista das privações e da mera luta pela sobrevivência. Naquilo que permanecia o mesmo de sempre, o atraso social e suas expressões, uma nova regra e uma nova concepção do país, voltada para o futuro, marcada por uma certa utopia de progresso, renegava o passado, revalorizava a tradição e apontava nos simples das regiões pobres aquilo que ninguém, até então, vira.

Essa ideologia de reversão dos códigos de autoconcepção do povo brasileiro era compartilhada por todos os que, tanto na direita quanto na esquerda, identificavam-se com o desenvolvimentismo. Resquícios dessa ideologia são hoje a base do pensamento e da ação dos grupos que tutelam e dirigem os chamados movimentos e organizações populares. Reduzidos a um nacionalismo ingênuo e tardio, popularista mais do que populista.

Vitalino ganha visibilidade e acolhimento nos setores conservadores do poder e da sociedade como um núcleo simbólico da política de conciliação que desde o Império regula nosso afã de mudar e transformar. Na mídia, ele é o involuntário e dissimulado contraponto da rebeldia das Ligas Camponesas, a luta dos trabalhadores rurais do Nordeste que explode na mesma época. Homem do agreste, zona de transição entre a fértil, rica e socialmente tensa Zona da Mata e o árido e pobre sertão, ele ganha notoriedade como expressão do mundo sertanejo, como homem do sertão do qual não era, o sertão que ressuscitaria com a nova onda de desenvolvimento econômico. Mas que não ressuscitou.

No entanto, esse mundo não era estranho a Vitalino, em cujo limiar vivia, o mundo de privações dos pobres do campo. Ele estava, portanto, nos limites da cultura da pobreza. Era essa marginalidade que permitia a Vitalino ver e representar o sertão na sua cerâmica, o sertão que estava além de seu próprio mundo. Ele vivia numa liminaridade situacional que acabou modificando e influenciando sua perspectiva original e se refletindo em seus trabalhos.

Suas obras "falam", inicialmente, do mundo rural, da vidinha através de suas exceções: a mulher de resguardo, o caçador acuado pela onça, a bandinha de pífanos, o enterro, o ladrão de galinhas preso, a briga. Aparentemente, a temática de Vitalino, se datada, evolui do dramático na vida de todo dia, de quem vive na roça, para o galhofeiro e irônico em relação à cidade. Essa ironia implanta uma perspectiva crítica na obra de Vitalino, a partir da qual o seu próprio mundo rural acaba sendo visto e, de certo modo, recusado.

Na ironia que há em Vitalino, vejo o reflexo de uma demanda da nova cultura urbana que se difunde no país a partir das primeiras décadas do século XX. Uma cultura que começa a ganhar definição e direção no limiar da Revolução de 1930, de que é expressão a música sertaneja em São Paulo. As esculturas de Vitalino não retratam o sertão, mas o que do sertão pensam os urbanos, a nova classe média que procura se destacar do rural e do rústico e que o faz aparentemente ironizando o sertanejo, mas de fato ironizando a nova realidade social urbana que não compreende. Vitalino se torna um homem culturalmente marginal. Sua liminaridade se apodera aos poucos de sua obra e lhe dá sentido.

Essa liminaridade aparece por inteiro em praticamente todas as suas esculturas de barro, a partir de um centro ordenador, um centro de referência, o trabalho na roça. Admirável é "Família de lavradores", que se encontra no Museu do Barro, em Caruaru, em que o sentido do trabalho dos que estão "puxando a enxada" aparece na formulação contrapontística do lavrador que, a um canto da cena, deixa a enxada no chão enquanto enche a caneca de barro com a água de uma moringa, ou quartinha, para beber.

Nessa cena e em outras, como em "Voltando da roça" ou "Casa de farinha", há uma certa concepção teatral do cenário e das figuras. Há uma espacialidade teatral, uma ordem na apresentação da cena, uma compactação sociológica da representação para que a ordem do cenário revele o significado da cena. Há uma linguagem compacta em Vitalino e nos figureiros, uma certa linguagem brechtiana que esculpe no barro intensamente o drama da vida, sua ordem e seus momentos, a vida como desempenho e atuação que segue um roteiro. Mas um roteiro que é apenas referência para a variação e o improviso num mundo que muda pouco. Vitalino criou 118 tipos e reproduziu-os com variações e aperfeiçoamentos ao longo da vida, quase como se não houvesse muito a dizer sobre um mundo cuja dinâmica está em repetir-se, na obstinada permanência do de sempre.

Em "Casa de farinha" [*Figura 1*] toda a seqüência do processo de trabalho que transforma a mandioca em farinha torrada é exposta.[1] A divisão do trabalho por idade e gênero é mostrada como uma coleção de desempenhos individuais na exposição do enredo, num mundo que funciona como um corpo, em que tudo é parte do todo.

O trabalho é descrito como um processo socialmente ordenador – tem começo, seqüência e fim. Mas o trabalho é decifrado no contraponto de sua interrupção, naquilo que ele não é. No caso, o menino sentado no chão, ao lado da velha que descasca mandioca, figura colocada no centro do conjunto, quase fora de ordem, como se na ordenação do processo de trabalho não houvesse espaço para aquilo que o nega.

O menino como extremo, em face da avó. Uma espécie de círculo que fala de um processo de trabalho que se fecha onde os extremos se tocam – a velha e o menino, o trabalho e o brinquedo. O cachorro que olha o menino com alegria fecha o círculo de significados de um trabalho que humaniza. Na figura do cão humanizado que interage com as pessoas, a expressão humana da alegria do não-trabalho. Um trabalho que é comunitário, necessário e festa ao mesmo tempo, trabalho e desfrute na mesma cena e no mesmo processo social, no mesmo momento. Um trabalho sem mediações nem estranhamentos de mercado, dinheiro, intermediários. Um trabalho que não é castigo, que não separa o fazer do fruto feito, que não cinde o trabalhar e o viver.

O trabalho tem sentido naquilo a que ele se destina, no concreto da vida, e não no abstrato do mercado. Uma concepção que se repete em "Vaquejada" [*Figura 2*], no destaque do aspecto lúdico do trabalho e do trabalho como extremo, como aventura e risco, como esporte, como vitória de quem trabalha.

Todo o universo de Vitalino é um universo ordenado. Há ordem no trabalho, há ordem na procissão, há ordem na festa, há ordem no funeral. As esculturas de barro de Vitalino revelam a ordem estrutural da sociedade e seus diferentes momentos. A ordem é revelada na fenomenologia da seqüência. Não só de uma pessoa depois da outra, mas dos mais novos para os mais velhos, dos

---

[1] As esculturas de barro, cujas fotografias ilustram este capítulo do livro, pertencem ao acervo do Museu do Homem do Nordeste, do Recife. As fotos foram reproduzidas de *O Museu do Homem do Nordeste*, Banco Safra, São Paulo, 2000, respectivamente p. 236, 231, 238, 232 e 237.

menores para os maiores. E também na circularidade de um protegido centro ordenador como o lugar dos mais frágeis, os velhos e os imaturos, em torno dos quais gravitam os que trabalham e se desenrola o trabalho.

A ordem e sua apologia são reveladas, ainda, nos contrapontos da desordem, das interrupções, do diabólico, da polícia, do cangaceiro. Nos encontros que desencontram, que desarranjam as relações sociais, que tiram as pessoas da seqüência natural dos diferentes momentos da vida. É particularmente significativa a concepção que Vitalino tem do cangaceiro e da mulher cangaceira [*Figura 3*]. O cangaceiro é proposto como garboso, mais elegante do que valente, enquanto a cangaceira é proposta como mais valente do que elegante, mais homem do que mulher. O cangaço como situação e conduta menos inaceitáveis no homem do que na mulher. O cangaço feminino como transgressão do ser natural da mulher, como mulher fora do lugar.

As cangaceiras de Vitalino, no geral, são feias, grosseiras, robustas. Uma condenação da mulher que abandona o seu universo feminino, tão claro e tão passivo em suas esculturas, e se masculiniza nos adereços e armamentos. A mulher que se embebeda, outra expressão desse feminino abandonado, dessa transgressão da ordem, aparece assediada pelo demônio numa de suas esculturas.

Os demônios de Vitalino, aliás, são negros. E na ordem social de Vitalino os negros desordenam. No Museu do Barro há uma policromia extremamente significativa que bem retrata esse racismo popular: num baile, um branco dança com uma negra, mas coloca sobre o nariz um lenço para não sentir o bodum de sua parceira. É esse lenço que decodifica o conjunto da peça, o baile como promiscuidade, como momento e lugar em que o "inferior" se enlaça com o "superior". É fácil encontrar em Vitalino o detalhe explicativo, o *punctum*, como na fotografia, a que se refere Roland Barthes,[2] que ordena a leitura da imagem e, neste caso, revela seus significados sociais.

Comparando as "Casas de farinha" de Vitalino com o quadro do espanhol Modesto Brocos y Gomez, "Engenho de mandioca", de 1892, que se encontra no Museu Nacional de Belas Artes, ambos contêm uma etnografia do trabalho de fabricação de farinha de mandioca.

---

[2]   Cf. Roland Barthes, *A Câmara Clara*, op. cit., p. 141 e ss.

É possível comparar o *punctum* das duas obras e propor uma compreensão do ponto de vista social e estético em cada caso: o do artista e o do artesão. O pintor espanhol radicado no Brasil vê no mesmo processo de trabalho um desenho circular, e Vitalino, uma ordenação linear e retangular que oculta o círculo claramente pressuposto. No primeiro, o *punctum* é a luz que entra pela janela, na direção da criança. Em Vitalino, é a criança. Em Brocos, o *punctum* é simbólico e abstrato, no contraponto de luz e escuridão. É o artista que, através da luz, sugere o sentido de sua obra, a dimensão propriamente artística de seu trabalho. Em Vitalino, as próprias pessoas são agentes decodificadores do processo social documentado na escultura.

Em Brocos y Gomez, há uma consciência estética crítica em relação à escravidão. Em Vitalino, uma consciência social e popular que reconhece, na junção de unidade do processo de trabalho e diferenças de inserção social nesse processo, uma fonte de compreensão das coisas. Mas que reconhece, também, contradições ainda incompreensíveis: em suas "Casas de farinha", a seqüência linear do trabalho recobre a circularidade comunitária da família cujos membros trabalham juntos. Já em Brocos y Gomez, esse comunitarismo circular aparece no primeiro plano para nos falar de um mundo oprimido pelo trabalho escravo, para nos falar da tensão que aí se estabelece entre trabalho cativo e família. Em Vitalino, não há uma arte libertadora. Há apenas um fundamentalismo narrativo.

Nele, o importante é reconhecer o que vem a ser a estrutura da consciência social e como essa estrutura revela criticamente a realidade das relações sociais, o fato de que há uma ordem que se revela nos desarranjos, no que parece estar fora de lugar. Há, portanto, em Vitalino (e há também em outros ceramistas do Alto do Moura, onde ele viveu), uma linguagem e um método de expor imaginariamente a visão de mundo dos simples e dos rústicos, seus limites e seu conformismo.

Nos contrapontos em que Vitalino propõe a compreensão do que está "narrando" em suas esculturas, propõe também uma linguagem, um método de expressão, uma fala do iletrado. O procedimento que adota é narrativo e literário, é uma versão do "contar causo", tão comum no mundo rural. Vitalino conta "causos" (como no caso do caçador trepado na árvore, acossado por uma onça; ou no caso do caçador e dos cachorros acuando o gato maracajá trepado no pau, aliás, seu primeiro tema). A inversão, o caçador caçado, o detalhe discrepante, é geneticamente constitutivo do causo. É ela que justifica a narrativa. Sem o que a escultura não teria o menor sentido. O causo só tem legitimidade se for, num certo sentido, anômalo, se contiver algo fora de ordem. Na admiração, no riso e no espanto, o "causo" nos fala conservadoramente de uma sociedade e de um modo de vida que não comportam oscilações, variações, incertezas, mudanças. Mesmo a novidade é incorporada como não sendo motivo de espanto.

Há dois grandes grupos de figurações nas esculturas de Mestre Vitalino. De um lado, a cerâmica que retrata o próprio modo de vida, sobretudo o trabalho, as próprias atividades. De outro, as relações inusitadas que se agregam a esse modo de vida, as rupturas, como nas duas versões de "Mulher de resguardo" e, mais tarde, em sua obra ou de seus descendentes e seguidores, o dentista, a cirurgia [*Figura 4*], o parto. São as situações que fazem do escultor um bisbilhoteiro em busca de evidências de um mundo que contém ocultações e, portanto, rotineiras transgressões da intimidade e, sobretudo, do corpo, o mundo moderno e dos modernos.

O fato de que Mestre Vitalino tenha criado 118 tipos e tenha criado várias réplicas de cada tipo indica uma conciliação entre *criação e produção*, *original e cópia*. Expressa, assim, a dupla orientação de seu trabalho, enquanto artesanato e mercadoria. Vitalino se firma como vendedor de peças de cerâmica na feira de Caruaru. É o mercado que orienta sua atividade de ceramista. Interpelado certa vez por um amigo jornalista que estranhava o abandono do tema do boi [*Figura 5*] em suas esculturas, ele se justifica dizendo que as pessoas querem as novidades. Poderia dizer que o mercado quer novidades. O mercado é a mediação que o faz compreender e interpretar o imaginário popular de quem pode comprar. É essa demanda que ele procura consubstanciar no barro, nas esculturas.

Num certo sentido, a obra de Vitalino é também, contraditoriamente, uma crítica do artesão ao mercado, a crítica de quem se conforma e se rebela ao mesmo tempo. Vitalino escolheu temas que estão no limite do mundo do trabalho a que pertencia. Ele mostra o desencontro entre o mundo do artesão e o mundo do feirante. Vivencia essa contradição uniformizando seus tipos, tornando-os proporcionais, precisos, definidos. Assume a lógica da produção como invólucro da criação. Cria no interior desse limite. Tenta a liberdade no interior dessa prisão. Liberta-se pela imaginação. É o mundo rústico configurado no interior do mercado que o instiga a imaginar, a criar o contraponto dos detalhes, dos adornos que dão sentido ao que é figurado. Vitalino é um prisioneiro que tenta libertar-se nos mínimos da libertação. Legitima as determinações que o perseguem. É prisioneiro de uma história que muda e impõe limites ao mesmo tempo. Vitalino não é um rebelde. Nele, o sertão não se revolta. Apenas ironiza.

O hibridismo que marca essa dupla e contraditória orientação de Vitalino é que impede nele o artista e revela nele o artesão. É nesse sentido que fica difícil reconhecer nele, de imediato, o *artista*. Ou melhor, nele o artista é prisioneiro do artesão, que é quem fala com o mercado na vida cotidiana. O artista aparece como insurgência, como transgressão da forma mercadoria na forma artística das esculturas.

6

O impressionismo na fotografia e a Sociologia da imagem

Numa excursão com meus alunos, em 2000, a Pirapora do Bom Jesus (SP), dentre as várias fotografias que tirei, dei a uma delas o título de "Impressão matutina da Ponte de Pirapora" [*Figura 1*]. Era um registro para reflexão posterior, pois a imagem que via, ali da margem do rio, me sugeria imediatamente algo similar, ainda que menos intenso, ao que pode ter sido a emoção visual que motivara a pintura inaugural do Impressionismo.[1]

A cena vista da ponte, refletida nas águas poluídas do rio Tietê, me lembrava "Impressão do nascer do sol", de Claude Monet, de 1872 [*Figura 2*], o quadro que deu nome ao Impressionismo na pintura. A imagem refletida ganhava no espelho das águas escuras do rio não só uma luminosidade particular, mas também cores que não eram as mesmas da ponte e do entorno. O reflexo me permitia ver de outro modo o que, visto diretamente, parecia preciso, opaco, desbotado, poeirento, gasto e inexpressivo, em contraste radical com o cenário pastoral e idílico da cidade de romeiros. O reflexo

---

[1] A influência da fotografia na pintura Impressionista é ressaltada e analisada por Krauss, em texto dos anos 1970. Cf. Rosalind Krauss, *Teoria e Storia della Fotografia*, Bruno Mondadori, Milano, 1996, p. 53-66. Jeziel de Paula, em ensaio de orientação bem diversa da que adoto neste texto, também constata e analisa a relação entre fotografia e impressionismo. Cf. Jeziel de Paula, "Imagem & magia: fotografia e impressionismo, um diálogo imagético", *in Impulso*, v. 11, n. 24, Piracicaba, 1999, p. 53-71.

diluía a precisão do traço e avolumava as cores, fazendo com que estas predominassem sobre aquele, construindo uma imagem mais intensa.[2]

O reflexo restituía o detalhe da ponte à paisagem nunca realizada da concepção do todo, sem constituir um apagamento das transformações que deterioravam continuamente rio e ponte. O reflexo revelava na imagem a sua dimensão onírica, oculta no ver cotidiano que escapa do factual e preciso, na imagem forte que se esconde no interior do relance e se propõe como matriz da memória e seu desencontro com o convencional da "imagem verdadeira".[3] O reflexo saturava as cores e "purificava" a imagem, nela introduzindo tensões desconstrutivas que permitiam melhor compreender os desencontrados tempos da realidade daquela pequena e permanentemente transitória sociedade de peregrinos. Permitia compreender, sobretudo, a tensão entre a serenidade do sagrado e a turbulência das sucessivas multidões de adventícios movidos pela fé, animando a voraz trama mercantil dos negócios. Nas cidades-santuários é inevitável "ver" a partir dessa referência de "batismo". Nelas, sua função social já define um elemento de perspectiva de quem pinta ou fotografa. A busca visual já se determina por essa referência.

Desde então, volto episodicamente a essa foto e reflito sobre a imagem reversa e suas revelações também na história da fotografia. Não é casual que a primeira exposição dos pintores impressionistas tenha se realizado no estúdio do famoso fotógrafo Maurice Nadar, em 1874, em Paris. Era uma época em que a fotografia mal se tornava prisioneira de uma convenção formal que a empobreceria como imagem porque em oposição à liberdade das formas e às descobertas imagéticas da pintura. A fotografia ainda vacilava ante a possibilidade de ser, também, fotoarte. Trinta anos depois, em 1904,

---

[2] Em Monet a preponderância das cores sobre o traço reflete suas buscas nas referências liminares das águas e da neblina, mas também nas variações cromáticas da morte, a liminaridade maior. Este último aspecto, evidente no seu retrato da primeira esposa, Camille, no leito de morte, cf. A S. Byatt, "Enchantments of air and water", *Review. Saturday Guardian*, London, 3 mar. 2007, p. 12-13.

[3] Cf. o excelente estudo de Etienne Samain relativo às reflexões de Roland Barthes sobre a fotografia e, na linguagem que aqui adoto, a totalidade que lhe dá sentido e a reveste, ao mesmo tempo, do indizível e do inesgotável, do "silêncio que, nela, fascina e perturba [...]", Etienne Samain, "Um retorno à *Câmara Clara*: Roland Barthes e a antropologia visual", *in* Etienne Samain (org.), *O Fotográfico*, op. cit., esp. p. 130-131.

os irmãos Lumière, com base numa técnica própria, começaram a fazer as primeiras fotografias coloridas, claramente influenciadas pela pintura impressionista, indício de quanto ainda persistia a dúvida dos fotógrafos em relação à fotografia prisioneira da ideologia do verossímil e quanto titubeavam em abandonar a possibilidade de situá-la no imaginário da arte.

Tanto em "Impressão do nascer do sol" [*Figura 2*] quanto em "O Parlamento no pôr-do-sol" [*Figura 3*], pinturas de Monet separadas pela distância de 32 anos, o reflexo das águas, e também do céu, redesenha o cenário ao adotar uma linguagem em que a obra é construída a partir do código da inversão e da deformação que o reflexo propõe. A própria composição da imagem se altera, ganhando ela uma verticalidade necessária à incorporação das revelações formais e cromáticas das adjacências, sobretudo do céu e da água, e a multiplicação dos efeitos de luz e cores do reflexo. O apenas residual do que até então fora o convencional da imagem desloca-se para o centro dos critérios de sua construção. E deixa o propriamente convencional, formal, preciso e similar para a fotografia.

Há nas imagens dessa concepção um cromatismo retemperado, criado pelo reflexo da luz nas horas suaves de transição entre noite e dia e dia e noite, que são também as horas melhores para fotografar. Nesses momentos de encontro de luminosidades contrárias, Monet incorpora à sua pintura a descoberta da supressão dos limites de separação visual entre o dado e o refletido, entre o "verdadeiro" e o "falso", produzido pela composição resultante da impressão visual. Em "Impressão do nascer do sol", o reflexo da luminosidade rubra faz do sol um complemento, mais do que o centro da pintura. Mas um complemento necessário. Há entre o sol, seu reflexo na água e o reflexo do reflexo nas nuvens uma relação de necessidade recíproca, uma multiplicação de luminosidades e de escritas visuais que não se esgotam. Antes, apontam para uma espécie de efeito multiplicador da luz e seus desdobramentos, além do quadro, de que a pintura é o recorte de um momento que não anula essa vibração cromática. O mesmo acontece em "O Parlamento no pôr-do-sol".

Penso que há no Impressionismo um ímpeto totalizador na tensão da linguagem que lhe é própria, traços e cores libertos dos formalismos da pintura que o precedeu, uma luz que procura se expandir, incontida nos limites do quadro e do enquadramento. A fotografia, como a pintura anterior ao

Impressionismo, se orientará no sentido de sugerir a quem a vê que o todo já está nela contido, que não há nenhuma continuidade visual além do que foi fotografado. Em contraste, portanto, com as primeiras holografias, de imprecisões polissêmicas e impressionistas, sugerindo que o objeto é apenas o indício de uma visualidade mais extensa, carregada de incógnitas mais do que de seguras certezas. Tanto nessas primeiras fotografias quanto na pintura Impressionista, a imprecisão de contornos e a intensidade da luz parecem atender às necessidades de uma época de explosão do imaginário e do anseio de liberdade de representar livremente o apresentado, anseio de antepor a liberdade interior do sujeito à tirania exterior do objeto. Contradição e resistência anárquica aos crescentes constrangimentos do imaginário contrário, o das precisões de um objetivismo insaciável e castrador.

Para quem reflete sobre a fotografia de um ponto de vista sociológico, é inegável que essa tensão propõe desafios, sobretudo em suas implicações metodológicas. Em especial, porque desde as origens a fotografia foi sendo, aos poucos, capturada pela ilusão do similar e, portanto, do documental e preciso. Tanto que, meio século depois de sua invenção, o retrato fotográfico já era utilizado como documento de identificação, nas fichas policiais e nos passaportes. Nesse sentido, a fotografia foi em parte capturada pelo poder e sua necessidade de vigilância, de tornar visíveis corpos e faces na construção de uma modalidade moderna de sujeição e docilidade que é a do temor relativo ao ser visto e identificado. Se na fotografia há tensões que empurram as imagens para fora dos enquadramentos, propondo sobre-significados ocultos e não intencionais, há também formalizações deformadoras, que se expressam em imagens que resultam de relações de poder e modos de dominação social e política. Em decorrência, mais do que registrar imagens de lugares e pessoas, a fotografia também inventou e inventa paisagens, cenários e pessoas. Não só o retrato de uso policial é um produto dessas relações. Como diz Scherer, sintetizando análises de diferentes autores que trabalharam com o tema, a fotografia moldou e codificou estereótipos prévios, transformou o sujeito em objeto e, nas situações coloniais, categorizou, definiu, dominou e até inventou o Outro.[4]

---

[4]   Cf. Joanna Cohan Scherer, "Historical photographs as anthropological documents: a retrospect", *in Visual Anthropology*, v. 3, n. 2-3, Harwood Academic Publichers, New York, 1990, p. 133.

Embora a fotografia, como método de registro da informação social e cultural e recurso até mesmo de narrativas etnográficas, domine o interesse de sociólogos e antropólogos, não é aí que se esgotam suas virtualidades como ponto de reparo sobre a realidade social contemporânea. Tendo em conta os dilemas do uso da fotografia nas Ciências Sociais, convém repensar a fotografia na perspectiva da tensão totalizadora que há na pintura impressionista. Nela existe um ponto de referência para pensar uma saída para a camisa de força positivista que domina tanto a Antropologia Visual quanto a Sociologia Visual.

É que, nessas disciplinas, a imagem, como informação, depende de precisões e limites que a tornem analisáveis, depende de um certo conformismo factual que a torne documental.[5] A fotografia de um pote indígena que agregue elementos estéticos de composição, inerentes ao próprio objeto, pode invalidar o intuito documental de decifrar as técnicas utilizadas em sua fatura, que é o que interessa em casos assim. Um índio Tapirapé pode identificar num objeto autoria e pertencimento social na estrutura de sua tribo simplesmente vendo os elementos estéticos de um remo ou de cacos de sua cerâmica encontrados no revolvimento da terra por tratores de fazendas invasoras de seu antigo território. A leitura da informação gráfica residual contida nesses cacos é para ele leitura da história territorial de sua tribo, leitura da história da invasão de suas terras, leitura da história social dos antepassados. O visual é aí mais do que documento: é representação integrante tanto da memória tribal quanto da estrutura social da tribo. Para o pesquisador dos temas visuais pouco diriam, porque nossa concepção do visual é adjetiva e decorativa.

---

[5] Tudo sugere que a fotografia ganha espaço, já no seu surgimento, na carência dos novos modos de ver que surgem com a sociedade moderna, ocupando o espaço residual de outras formas de expressão visual, como a pintura e a escultura. A diversificação dos modos de ver desdobrou-se tanto em relação ao passado quanto ao presente e, com o cinema, pouco depois, também em relação ao futuro, sobretudo na chamada ficção científica. Sobre os modos de ver o passado, na obra dos pintores que se dedicaram a temas históricos, cf. Peter Burke, "Pintores como historiadores na Europa do século 19", *in* José de Souza Martins, Cornelia Eckert e Sylvia Caiuby Novaes (orgs.), *O Imaginário e o Poético nas Ciências Sociais*, Edusc, Bauru, 2005, p. 22. Uma formulação das variações históricas do ver encontra-se em Ulpiano T. Bezerra de Meneses, "Rumo a uma 'História Visual'", *in* José de Souza Martins, Cornelia Eckert e Sylvia Caiuby Novaes (orgs.), op. cit., p. 33 e ss.

De certo modo, as ciências sociais que incorporaram a fotografia ao âmbito dos seus interesses não se propuseram à superação desse caráter residual da imagem do que para elas é apenas objeto documentado, sobretudo a imagem fotográfica. Em certas situações, essa orientação destitui a fotografia de seus conteúdos próprios e se reduz ao meramente contemplativo e documental, como complemento do questionário, do formulário, da entrevista ou do diário de campo. No entanto, toda fotografia contém um "ver a mais",[6] já que nenhum fotógrafo, mesmo o amador da fotografia ingênua, é passivo copista do que está fotografando.

Os velhos Tapirapé, diante das fotografias de seus parentes, que ilustram o livro de Herbert Baldus sobre seu povo, quando receberam um primeiro exemplar, muitos anos depois de publicado, choraram o pranto ritual próprio de sua cultura no reencontro com aqueles que retornam de viagem.[7] Para eles a fotografia nada tinha do documental e nem mesmo do documentável que teve para o etnólogo. A imagem fotográfica, nessa reação, revelava-se como suporte inesperado de um imaginário poderoso, vivo, na função do imagético no imaginado e na memória, como documento interior de pertencimento, e não como documento exterior de ciência e de uma modalidade objetiva de conhecimento social. De certo modo, há aí o reconhecimento da pessoa como corpo e imagem ao mesmo tempo, em que a imagem é que contém o corpo, e não o corpo, factual e documentável, como mero suporte da imagem.

Há outras populações para as quais o advento da fotografia ganhou, como no caso dos Tapirapé, funções substantivas e se integrou no seu sistema tradicional de concepções como coisa viva. É o caso, freqüente ainda hoje no Brasil, nas áreas sertanejas do país, e corrente desde a difusão da fotografia entre nós, das fotografias de defuntos, mandadas tirar pela família para deles guardar a última e, não raro, também primeira imagem. Já vi fotografias de recordação familiar de morto em que este, no caixão,

---

[6] Kracauer está entre os teóricos sociologicamente devotados ao estudo da fotografia que chamam a atenção para a importância deste "ver a mais" no ato fotográfico e no seu resultado. Cf. Dagmar Barnouw, op. cit., p. 435.

[7] Cf. Herbert Baldus, *Tapirapé. Tribo Tupi no Brasil Central*, op. cit. Devo essa informação ao então Padre Antônio Canuto, vigário em Santa Teresinha, o povoado mais próximo da aldeia Tapirapé.

é colocado de pé, no meio da família, também de pé, como se estivesse posando para um retrato do agrupamento familiar. Ou, então, a fotografia de jovem e bela filha morta de um fazendeiro paulista, do século XIX, com seu vestido de noiva, repousando idilicamente num sofá da sala da casa-grande, a insinuação de vida traída pelos olhos baços da morta. Guardadas como fragmentos vivos dos mortos, essas imagens dos primeiros momentos que se seguem à morte constituem um poderoso documento desse momento liminar, entre a vida e a morte, e da mentalidade que o preside. Muito mais do que retrato, do que documento sobre a pessoa do morto e as informações etnográficas que possa conter, expressa mais o imaginário da vida do que o factual da morte.[8]

Ainda agora, quando escrevo, poucos dias depois da tragédia de um escorregamento de terra que matou sete pessoas nas obras de construção da estação Pinheiros da Linha 4 do Metrô de São Paulo, em janeiro de 2007, no velório de uma das vítimas, a fotografia compareceu de maneira significativa. Tendo o cadáver sido encontrado vários dias depois da morte, já em processo de putrefação, foi ele entregue à família em caixão lacrado. No velório em casa, num município operário e suburbano, a família colou sobre o caixão, na altura do rosto, uma fotografia de meio corpo do morto. E é para essa fotografia que se dirigem os olhares dos circunstantes, nela concentrando os gestos próprios da última visualidade característicos dos nossos ritos funerários. Expressão dessa necessidade ritual da despedida como fixação da imagem do rosto daquele que parte, própria da nossa cultura popular.

Tampouco o fotógrafo é desprovido de um imaginário que preceda a foto propriamente dita. Nesse sentido, a fotografia de uma multidão, que ressalte esteticamente o sentido dramático de certas manifestações coletivas, pode se tornar imprestável para o sociólogo que prefere decidir com critérios de sua ciência se o aglomerado humano é ou não dramático e o que esse dramático sociologicamente significa. Assim como há um certo arbítrio do fotógrafo na fotografia, há um certo arbítrio do sociólogo

---

[8] No entanto, como observa Von Amelunxen, na fotografia "há uma certa mímesis da morte, a fotografia é mortificação [...]". Cf. Hubertus Von Ameluxen, "D'un état mélancolique en photographie. Walter Benjamin et la conception de l'allégorie", *in Revue des Sciences Humaines*, n. 210, 1988-2, Université de Lille, p. 11.

(e do antropólogo) na leitura e interpretação da fotografia, cujo caráter polissêmico tem sido devidamente ressaltado pelos especialistas.

O pressuposto de uma certa "higienização" da fotografia e da imagem, para fazer delas documentos das Ciências Sociais, lança no limbo das inexatidões indecifráveis áreas e componentes relevantes da fotografia. Além do positivismo do pressuposto, uma certa concepção weberiana do típico-ideal agrega-se à concepção sociológica e antropológica da fotografia documental e responde pelo resíduo de imagem e imaginário que pode haver na fotografia vista dessa perspectiva. Justamente nele, no que é desprezado, no que perturba porque discrepa da exatidão analisável, pode estar o segredo da imagem, aquilo que representa justamente a sua relevância sociológica.

A imagem fotográfica, de certo modo, nasceu impressionista nas primeiras fotos feitas por Niépce [*Figura 4*].[9] Há uma variedade de interpretações sobre a relação entre a fotografia e o Impressionismo, sobretudo quanto às revelações feitas sobre a luz pelo conjunto de técnicas e recursos utilizados na produção da imagem fotográfica.[10] Sem contar que as imagens fotográficas em negativo tiveram um indiscutível impacto no imaginário da modernidade que nascia, outra versão impressionista da fotografia. Mesmo nos limites cromáticos da escala entre preto e branco, a fotografia expunha variações e possibilidades da luminosidade e virtualidades de uma visão que a arte convencional ocultara. Visão que só teria materialidade e sentido com a industrialização, os cenários que criaria, a luz e as cores que revelaria. A começar, aliás, das extensas variações do cinza e a centralidade imagética dessa cor.

As duas obras emblemáticas de Lewis Carroll (1832-1898), ele mesmo um excelente fotógrafo e matemático – *Alice no País das Maravilhas* e, so-

---

[9] A associação entre a primeira fotografia de Niépce e o Impressionismo me ocorre a partir dos vários resultados obtidos em diferentes ocasiões em restaurações que procuraram restituir à visibilidade a imagem original do fotógrafo. Ilustro este capítulo com a restauração mais difundida e aceita dessa fotografia. Os especialistas concluíram que a imagem dessa foto está subexposta. No meu modo de ver, o desequilíbrio da luz acentua dramaticamente as sombras do primeiro plano, o que acentua o seu caráter impressionista. Para um detalhado esclarecimento sobre a história dessa fotografia e da sua restauração, cf. Roy Flukinger, *The First Photograph*, *in* HRC Online Exhibition, The University of Texas at Austin/Harry Ransom, s.d. Disponível em: <http://www.hrc.utexas.edu/exhibitions/permanent/wfp/>.

[10] Cf. Jeziel de Paula, "Imagem & magia: fotografia e Impressionismo, um diálogo imagético", op. cit., p. 53-71.

bretudo, *Alice do Outro Lado do Espelho* – são duas expressões da lógica imaginária do negativo fotográfico. Seu próprio pseudônimo literário, seu nome invertido, vertido para o latim e revertido para o inglês, contém uma mensagem sobre a vida própria do inverso, enquanto inversão da inversão.[11] No retorno à língua de origem, o resultado não é o mesmo do ponto de partida: não só o nome é invertido como também alterado pela lógica da retradução. É o que acontece também na pintura impressionista.

Em *Alice do Outro Lado do Espelho*, as regras da conversação e da convivência são as regras do contrário e do reflexo: quanto mais se caminha numa direção, mais longe se fica do ponto para onde o caminho conduz. A incerteza em que Alice freqüentemente se encontra, derivada do fato de que vive simultaneamente em mundos opostos – pensa-se com a lógica de um e é obrigada pelas circunstâncias a interagir com a lógica de outro, por ter atravessado o espelho – resulta deste duplo viver, o da certeza e o da impressão, o do trânsito entre o positivo e o negativo. A impressão, ao reverter a imagem e diluir as formas que a compõem, ao estabelecer a continuidade entre uma coisa e outra, altera substancialmente a compreensão que se tem daquilo que é visto.

Minha estada na Inglaterra, em 2005, coincidiu com a exposição sobre os impressionistas Turner, Whistler e Monet na Tate Gallery,[12] que visitei. Nessa exposição comparativa de três artistas emblemáticos do Impressionismo, há algumas constantes que confirmam a importância das águas e das luzes de transição, o nascer do sol e o pôr-do-sol, como desconstrutoras naturais de luzes e cores e reveladoras de imagens novas de cenários conhecidos e consagrados. Impressionistas chegaram a pintar vários quadros do mesmo cenário, variando as pinturas simplesmente em função do momento do dia e da luz.[13]

---

[11] Lewis Carroll era o pseudônimo de Charles Lutwidge Dodson.

[12] Cf. Tomsin Pickerol, *Turner, Whistler, Monet*, Flame Three Publicing, London, 2005.

[13] Esse modo de ver foi além do Impressionismo propriamente dito e parece ter estimulado um certo experimentalismo de luminosidades entre pintores de várias tendências. No final do século XIX, esteve em São Paulo, por algum tempo, o pintor italiano Antonio Ferrigno. Além de vários quadros que têm como tema uma fazenda de café do Conde de Prates, pintou ele uma série de quadros à margem do rio Tamanduateí, no que veio a ser a rua 25 de Março e o Parque Dom Pedro II, na cidade de São Paulo. Com pequenas variações de perspectiva e de lugar de assentamento do cavalete, Ferrigno pintou a mesma cena em diferentes horas do dia. O mesmo tema ganhou expressões diferentes em diferentes quadros.

O único era, para eles, o diverso, que só podia ser percebido a partir de diferentes "ângulos" do tempo, e não do espaço. Cada momento do dia criava o seu próprio espaço e, sobretudo, a sua espacialidade singular, através da linguagem do reflexo. Também na arte, a sociedade industrial, da multiplicação e da acumulação, se descobria na riqueza do fragmentário e suas combinações, na relevância da substancial diversidade do mesmo, o cotidiano e seus momentos se propondo não só como um novo modo de ver, mas um novo modo de viver e sobreviver – socialmente, um novo modo de ser e, portanto, de interpretar e interpretar-se.

Coincide nos três o interesse, em certo momento, pelos reflexos da luz nas águas poluídas do Tâmisa e no céu poluído pela fumaça das chaminés industriais e domésticas que o recobria. Como resultado, sua interferência na impressão que podiam ter das casas do Parlamento, nas diferentes épocas e horas em que pintaram os quadros em que foi esse o tema. É difícil, em princípio, reconhecer que nas evidências da degradação ambiental haja uma nova dimensão do belo. Mas foi isso que esses impressionistas compreenderam ao descobrir que as águas poluídas do rio (e o céu igualmente poluído pela fumaça) espelhavam luzes e cores antes não notadas, reflexos que ao atingir a retina de quem via redesenhavam, alteravam as formas e recoloriam, de maneira cambiante, aquilo que estava sendo visto. Em diferentes dias e em diferentes momentos do dia eram diferentes as imagens da mesma coisa. Na sociedade industrial da repetição e da reprodução, da cópia, suas próprias conseqüências ambientais foram, justamente, o oposto: a multiplicação do mesmo na diversidade de suas expressões visuais, na multiplicidade do único e singular que só a arte pode captar. Os produtos do cotidiano se propõem como matéria-prima de sua negação na arte.

Em função das revelações da exposição de Londres, comecei a rever, experimentalmente, minhas fotografias de cenas envolvendo rios e mares: o rio Tietê e o rio Pará, no Brasil; as águas dos canais de Xoxicalco, no México; o rio Cam, na Inglaterra; o rio Tejo e o mar, em Portugal.

Nas águas praticamente transparentes do rio Cam, em Cambridge, a luz e os reflexos são pobres e não redefinem significativamente imagens dos mesmos cenários, tomadas em diferentes ocasiões. Mas são reflexos "limpos", que acentuam a seu modo a estética das edificações, no geral, já pensadas para se comporem com essas suaves extensões. As imagens mais interessantes são do rio mais poluído que fotografei, o Tietê. Quando se examina a foto em seus detalhes eles confirmam a riqueza de cores, tons e formas em suas águas contida, refletidos e multiplicados.

Detalhamentos de uma mesma área da foto sugerem o quanto a mesma imagem seria outra se o foco da fotografia tivesse outro centro que não aquele que documentalmente a motiva. Em princípio, ela perderia a qualidade convencionalmente documental porque se tornaria abstrata e imprecisa na acentuação da sua polissemia. Nesse caso, a fotografia de certo modo se libertaria do olhar coisificante do fotógrafo, sem deixar de ser fotografia. Libertaria, também, o olhar do fotógrafo, permitindo-lhe ver além das precisões formais do convencional. A fotografia seria uma construção imaginária. O que ela documentaria, então? Quem nos garante que a fotografia formalmente similar e precisa, e aparentemente objetiva (o que foi fotografado era o que estava lá, nem mais nem menos) é o documento verdadeiro do que as pessoas vêem e, sobretudo, sentem, pensam, fazem e são? O quanto há de testemunhal numa fotografia?

A fotografia se afastou progressivamente do imaginário de imprecisões reais em que nasceu, sem dele se divorciar completamente. Em oposição à pintura, foi capturada pelas precisões da nitidez próprias da sociedade industrial e moderna, ainda que, permanentemente, se debatendo com os resíduos imprecisos de sua excessiva demarcação factual. Num momento em que a pintura explorava, com o Impressionismo, a linguagem e as possibilidades estéticas das imprecisões da imagem, geradas pela poluição da água e do ar, pelos reflexos e luminosidades que dela decorriam, a fotografia propunha o trajeto oposto.

Mesmo contendo os contrários, as imprecisões e as deformações próprios do olhar comum, procurou aperfeiçoar-se na linha oposta, acentuando as supostas semelhanças com a imagem real, optando pela precisão da forma contra a suposta imprecisão do imaginário. A fotografia criou o seu próprio mito, o do rebuscamento da forma e da semelhança como linguagem visual num mundo crescentemente impreciso, dominado pelas duplicidades da alienação moderna. Se a pintura optou pela liberdade da busca, a fotografia optou residualmente pela servidão ao supostamente documental.[14]

---

[14] O tema dos caminhos opostos da pintura e da fotografia, a partir do surgimento da fotografia e do debate em torno de ser ela arte ou não, é tratado por Gisele Freund, *Fotografia e Società*, 3. ed., Giulio Einaudi Editore, Torino, 1976, p. 68-69.

Não é estranho que um pintor, Henri Cartier-Bresson, enquanto fotógrafo, tenha criado uma linguagem e uma estética fotográfica que é a da busca de uma saída para essa prisão. Na sua concepção do momento decisivo,[15] Cartier-Bresson reconhece na espontaneidade e na liberdade do referente o meio de invadir a fotografia e restituir-lhe, no plano do seu código formal, os termos de um diálogo perdido com a riqueza de significados daquilo que é fotografado. É na fotografia de Cartier-Bresson que o referente ganha a liberdade de se propor ao fotógrafo, cuja autoridade se limita à competência da agilidade e à escolha do cenário da ocorrência possível. É que para Cartier-Bresson coisas e pessoas se definem na relação e no relativo. A escolha prévia do cenário do momento decisivo da fotografia é escolha da mediação significante sem a qual o tema, a ação, não terá sentido.

Um esteta da fotografia em preto-e-branco, Pierre Verger, assediado por antropólogos e etnólogos, ao que parece, acabou assumindo que era, antes de tudo, um etnógrafo da negritude. A partir desse momento, há uma certa perda estética em sua fotografia, um certo factualismo acarretado pela preocupação com o primado do documental. O essencial da fotografia de Verger está na compreensão da diversidade étnica e social de origem dos negros espalhados na África e na América, e seu travejamento tanto através da unicidade mercantil do trabalho cativo nas razões do tráfico quanto através da precedência social, imaginária e simbólica da religião do sacrifício e da ancestralidade, da interação cotidiana entre mortos e vivos.

Em que momento Verger documentava mais, antes ou depois? No meu modo de ver, antes. Porque a intensa sensibilidade estética desse fotógrafo fez dele observador das sutilezas do mundo negro e da diáspora africana. Ele libertou a impressão ocidental do negro dos constrangimentos e deformações resultantes das convenientes precisões documentais e relatoriais que expressam a culpa branca e a exorcização branca da escravidão. Que é, ao mesmo tempo, expressão do lugar que o negro ocupa no imaginário hegemônico do branco, como ser subalterno, secundário e adjetivo.

O negro da fotografia de Pierre Verger é mais negro e mais verdadeiro do que o negro da maioria dos sociólogos e antropólogos que estudam raça, embora essa afirmação tenha as não desprezíveis limitações do relativo. De

---

[15] Cf. Henri Cartier-Bresson, *The Mind's Eye*, op. cit., p. 20-43.

certo modo, há na sua estética fotográfica a mesma aguda sensibilidade que há na Sociologia de Roger Bastide.[16] Bastide fora um protestante educado nas certezas do mundo da Razão, que se libertou dos formalismos de sua cultura de origem ao vir para o Brasil, como professor de Sociologia na Universidade de São Paulo. Aquele era um ato de busca, sobretudo, ao se dedicar à compreensão dos ricos mistérios da alma do negro, dos seus arquétipos e referências oníricos.[17]

Tanto esse primeiro Verger fotógrafo quanto Bastide sociólogo usaram seus instrumentos de investigação estética e científica para encontrar e compreender o negro despojado das mutilações do cativeiro, oposto ao negro cuja imagem e cuja história é uma folclórica construção de brancos. Mas, para isso, se deixaram iniciar pelas referências do sagrado que está no centro das culturas negras de origem. Aceitaram as amplas incertezas dessa busca em face das certezas racionais européias e modernas. Um mergulho na escuridão do negativo que, para eles, por serem europeus conscientes do relativo da Razão, constituía a mediação analisadora e reveladora da desconstrução e compreensão de seu próprio mundo.[18]

Há uma estética da negritude na Sociologia de Bastide que torna a sua ciência mais rica do que a convencional, porque ele compreendeu o negro nas imprecisões oníricas de seu passado interior. O antropologismo que invadiu a fotografia de Verger, no entanto, privou sua obra da sensibilidade que o punha em relação com o negro oculto nas invisibilidades da alma.

A fotografia chegou à Antropologia e, depois, à Sociologia como documento útil a um certo positivismo visual, porque supostamente dotado de uma precisão informativa de obra de engenharia e da indústria. Faltou às

---

[16] Não por acaso, Bastide sociólogo e Verger fotógrafo foram amigos e mais de uma vez Bastide acompanhou Verger aos terreiros de candomblé da Bahia. Cf. Roger Bastide, "Préface", *in* Pierre Fátúmbi Verger, *Dieux d'Afrique*, Éditions Revue Noire, p. 9-12 [1. ed.: 1954]. Havia neles uma igual sensibilidade ao que era, mesmo residualmente, a centralidade das religiões africanas na postiça unidade social do cativeiro e dos descendentes de escravos, criada pela escravidão e pelo tráfico.

[17] Cf. Roger Bastide, "Sociologia do sonho", *in* Roger Caillois e G. E. von Grunebaun (orgs.), op. cit. p. 137-148.

[18] Certas situações sociais, relações e concepções de senso comum podem conter funções sociologicamente metodológicas. Cf. Henri Lefebvre, *La Survie du Capitalisme. La re-production des raportes de production*, Éditions Anthropos, Paris, 1973, p. 16.

Ciências Sociais a crítica do conhecimento contido nessa suposição, sobretudo crítica do fato de que Sociologia e fotografia nascem, também, capturadas pela lógica da produção racional e, portanto, da mera contrapartida e recusa do ilógico produzido no mesmo processo.

Uma interessantíssima exposição de fotografias, organizada conjuntamente pelo Departamento de Sociologia e pelo Departamento de Artes do State University College of New York reuniu, em 1974, trabalhos de sociólogos-fotógrafos e de fotógrafos-sociais. Um dos organizadores da exposição enfatizou que os sociólogos "precisam aprender que a câmera não é um instrumento que registra fatos. É uma ferramenta nas mãos de um sociólogo, usado em uma situação interacional, na tentativa de registrar uma abstração".[19]

Horowits, na apresentação do catálogo da mesma exposição, destaca nomes como o de "Lewis Hine capturando o sentido do trabalho alienado, Erich Salomon registrando as excentricidades e fantasias dos políticos em ação e Walker Evans vendo a grandeza e a tragédia da vida cotidiana".[20] Foram autores que procuraram fotografar as pessoas-tema fora do que se poderia definir como a "performance" esperada e socialmente apropriada.

Trabalhavam com um dado fundamental para uma sociologia visual, o de que a fotografia já está previamente definida na mente de quem vai vê-la. Portanto, a relevância sociológica da fotografia não está nela mesma, e sim no desencontro entre o imaginado, a imagem e seus elementos perturbadores. De certo modo, essas discrepâncias e extravagâncias cumprem a mesma função decodificadora e desconstrutiva que a captura das luminosidades multiplicadas na pintura impressionista. Com a diferença significativa de que na fotografia o que desconstrói não é a luz, mas a sombra descabida que tira o objeto de seus limites formais e o mostra como objeto visualmente anômico.

A fotografia nas mãos de assistentes sociais que tinham formação em Sociologia, como Lewis Hine, fez do fotógrafo um documentarista das som-

---

[19] Cf. Derral Cheatwood, "Displaying Sociology", *in* Derral Cheatwood e Therold Lindquist (org.), *The Human Image. Sociology and Photography*, State University College of New York, Fredonia, NY, 1976, p. 6.

[20] Cf. Irving Louis Horowitz, "Pictures at an exhibition", *in* Derral Cheatwood e Therold Lindquist (org.), op. cit., p. 7.

bras e penumbras da sociedade industrial.[21] Foi gente como ele que levou a câmera para fora dos estúdios, para algo mais complicado do que passar do retrato à fotografia cândida dos passeios e convescotes da classe média.

As fotos de crianças e operários, nas fábricas à margem da grande indústria, propunham o próprio objeto como decodificador social da imagem, na mediação da moralidade puritana e dos sentimentos que dela decorriam. Mas também as fotos de crianças que trabalhavam na rua, fazendo trabalho de adulto ou as que ajudavam as mães no trabalho industrial em domicílio. Particularmente reveladoras da situação social da classe operária são suas fotos de crianças esquálidas trabalhando em pesados e imensos teares, as máquinas e o cenário anulando explicitamente a condição humana da menina ou do menino.[22] Algo menos consistente do que as descrições de Marx sobre o trabalho infantil na indústria inglesa, no entanto mais dramático, como retrato direto da privação de infância no trabalho dos imaturos. Uma verdadeira mutilação social visível na criança convertida em equivalente de adulto.

Hine tinha clara consciência de que a fotografia tem seu próprio realismo e está cercada pela suposição de que a imagem não pode ser falsificada. Alertava, no entanto, para o fato de que, através da fotografia, o fotógrafo pode mentir, o que é evitado na compreensão de que fotografar é uma relação contratual com o fotografado.[23] Nesse sentido, o realismo fotográfico de Hine e a contratualidade ética de sua relação com os fotografados são marcados pela consciência profissional de que o imaginário que introduz na fotografia os elementos de sua decodificação visual e de sua compreensão social é parte inerente desse realismo.

Já Walker Evans só raramente recorreu a interveniências na composição da imagem fotográfica. Recorreu a decodificadores propriamente sociológi-

---

[21] Cf. Marc Scheps *et al.*, *20th Century Photography Museum Ludwig Cologne*, Taschen, Köln, 1996. Fotos de Hine, comentadas por Marianne Bieger-Thielemann, p. 254-259; fotos de Erich Salomon, comentadas por Reinhold Miselbeck, p. 558-563; fotos de Walker Evans, também comentadas por Marianne Bieger-Thielemann, p. 164-165.

[22] Cf. o álbum comentado de Vicki Goldberg, *Lewis W. Hine, Children at Work*, Prestel, Munich-London/New York, 1999.

[23] Cf. Lewis W. Hine, "Social photography", *in* Alan Trachtenberg (ed.), *Classic Essays on Photography*, Leete's Island Books, New Haven, 1980, p. 111.

cos e situacionais.[24] Suas fotos falam de pessoas que trabalham no campo, trabalho cuja contrapartida é a pobreza evidente, a pobreza do vestuário e da casa, o equipamento doméstico rústico, a completa ausência de signos da sociedade de consumo, os povoados desprovidos e sem vida. Numa sociedade em que a valorização do trabalho estava associada ao fato de que quem trabalha tem como recompensa os frutos do trabalho e as condições dignas de vida, Evans colheu imagens que, à simples vista, desmentiam essa ilusão do sonho americano.

O que chama a atenção nas fotos exibidas naquela exposição, comentada por Cheatwood e Horowitz, é a necessidade que os fotógrafos tiveram de fazer composições em que algum elemento extravagante ou algum elemento fora de lugar forçasse quem as visse a interpretá-las. Um elemento socialmente impressionista, capaz de arrancar a imagem de dentro de seu recorte visual preciso e propô-lo no âmbito do imaginário, muito mais do que no âmbito do visual.

Do mesmo modo que as impressões dos impressionistas produziram um novo código do ver estético e transferiram para a arte o modo espontâneo de ver do homem comum, posso supor legitimamente que a fotografia intencionalmente documental, como "cópia do real", foge dos riscos dessas revelações. Se, como sociólogo, o que quero documentar é o modo de pensar cotidiano do homem comum, por meio do seu modo de ver-se e de ver o outro, que informa suas ações e seus relacionamentos sociais, não posso deixar de admitir que esse ver não raro registra um borrão, e não formas e contornos precisos. A memória visual e cotidiana não é propriamente fotográfica nem corresponde ao que foi o afastamento intencional da fotografia em relação ao movimento oposto da pintura.

Quando se pede a crianças para fotografar pela primeira vez, usando câmeras convencionais ou usando criativas e improvisadas caixas "pinhole", do buraco de agulha, com impressão da imagem em negativo diretamente sobre o papel fotográfico, notamos imediatamente o recomeço do impressionismo fotográfico, quase sempre em imagens surpreendente-

---

[24] Cf. James Agee e Walker Evans, *Let Us Now Praise Famous Men*, Houghton Mifflin Company, Boston, 1988 [1. ed.: 1941].

mente bonitas, voltadas diretamente para o código visual difuso e criativo do homem cotidiano.

Ao recorrermos à entrevista para obter informações, supostamente precisas, em relação a fatos e acontecimentos, as narrativas que recolhemos estão impregnadas de impressões e imprecisões, mesmo que em meio a certezas bem definidas. Na análise sociológica, preferimos as nossas precisões às imprecisões do outro, sem oferecermos ao leitor um esclarecimento sociológico consistente para essa escolha arbitrária, embora justificável, com os critérios da ciência. No entanto, muito se perde por isso na própria compreensão sociológica, já que a imprecisão, a impressão, a incerteza, o irrelevante do mundo cotidiano, é o que domina as relações sociais e a consciência que baliza e orienta o interacionismo de tateio que é próprio da cotidianidade. Na vida cotidiana, a relação social é uma construção que envolve reciprocidades.[25] É, portanto, expressão da incerteza própria da improvisação teatral que não obstante se norteia por referências e determinações históricas e estruturais ocultas à consciência cotidiana do homem comum.

Nos tribunais, daqui e de outras partes, vez ou outra sentenças têm que ser revistas, anuladas, e prisioneiros, libertados, porque vitimados por testemunhos imprecisos e impressionistas. O recurso à chamada história oral não é imune a essas distorções, em narrativas em que não há como colocar o imaginário entre parênteses nem há como refazer a história vivida senão fazendo de conta que o que é impressionista é o preciso registro do ocorrido. A maior parte das imagens cotidianas que retemos na memória é imprecisa, fruto da visão fugaz. São manchas e borrões que desenham formas informes e cores e cenários do nosso viver diário. Não é raro que a fotografia seja o socorro das memórias frágeis, nas tentativas de reconstituir e narrar coisas do passado, depois de decorrido muito tempo.

Na mesma Pirapora a que me referi no início, dei-me conta de que a cena de presépio que é a pequena cidadezinha de romaria vista do outro lado do rio se deve em grande parte ao efeito impressionista de seu reflexo nas águas escuras e malcheirosas [*Figura 5*]. Sem o rio e o reflexo, Pirapora seria visualmente outra coisa. O reflexo nessa fotografia já indica a multi-

---

[25] Peter Berger e Thomas Luckmann, *The Social Construction of Reality*, op. cit.

plicidade de imagens residuais impressionistas contidas na fotografia em cuja composição domina a busca da certeza formal e da imagem definida.

Fica claro o quanto a parte "fotograficamente correta", documental, da fotografia é afetada pelo indocumental, das distorções de formas e cores introduzidas na composição pelo reflexo do casario nas águas escuras do rio Tietê. O reflexo impreciso cria uma imagem bucólica da cidadezinha, que acentua indevidamente o oposto de suas funções mercantis e religiosas, precisas e determinadas. Se utilizo essa fotografia para documentar ou mesmo ilustrar uma interpretação sociológica, induzo o leitor do estudo a amenizar a racionalidade que permeia a vida urbana da localidade e de seus negócios no âmbito da crença e do comércio. Mas, ao mesmo tempo, exponho na duplicidade visual o duplo constitutivo de um lugar como Pirapora do Bom Jesus, a religiosidade e o comércio.

De qualquer modo, não é gratuito que as cidades de devoção de várias localidades paulistas, do século XVIII, tenham a igreja a cavaleiro do rio, numa colina, e o rio passando perto, como é o caso de Pirapora e de Aparecida. O reflexo, portanto, já era desde o início um componente desse imaginário religioso, e não uma intromissão. A atenuação impressionista introduzida na fotografia pelas distorções e cores do reflexo na água é que constitui outra dimensão documental da imagem. Ela se torna tanto mais acentuada quanto menos importante se torna o sagrado em localidades assim, quase como se por ela as intenções imaginárias do passado recobrassem vida, como um tempo latente que persiste difuso em meio à névoa da decomposição visual.

Há na concepção original da pequena cidade uma estética barroca, intencional, própria das cidades-santuários, forma de sobrelevar a materialidade da pura forma e dar à composição do cenário a dimensão necessária e apropriada de monumento e transcendência. Naquele tempo, o borrão do reflexo na visão dos penitentes era adjetivo, um adorno complementar, barroco ou persistência do barroco. Hoje, é nessa dimensão que esses componentes adjetivos da imagem decodificam o propriamente substantivo e levam a leitura e a interpretação do documento visual para além do pastoralismo que parece conter.

Constituem-se, portanto, em mediações estéticas indiciais que introduzem na fotografia evidências do que é propriamente o sentido da fé e da religiosidade que movem esse aparato urbano, à primeira vista tão igual a outras pequenas cidades, na verdade, bem diverso. Sociologicamente, o reflexo e a impressão que ele produz acentuam o descompasso entre a localidade "gasta" pelo uso mercantil e materialista, de um lado, e a cena pastoral e barroca que o reflexo ressalta, de outro. É no âmbito dessas contradições da imagem fotográfica que estão os seus elementos desconstrutivos, que possibilitam a análise propriamente sociológica da imagem. De modo que qualquer agregação que se faça ao cenário será absorvida pelo código estético que já o domina, mesmo que não tenha a mesma data histórica e estética da gênese e consolidação do povoado.

O reflexo, porém, tem vários e significativos desdobramentos em outros âmbitos e outros cenários da sociedade contemporânea. A modernidade impregnou-se de espelhos para propor-se através de um discurso visual marcado pela lógica do reflexo e das amplificações e dos despistamentos do duplo que há nele e em seu referente. É a mesma lógica em que se situa, aliás, a própria fotografia. Justamente por isso, o mero caminhar pelas ruas da cidade moderna põe o transeunte continuamente em face de uma sociedade, simultaneamente, de pessoas e de simulacros de pessoas: fotografias publicitárias, vidros, espelhos, labirintos em que o falso e o verdadeiro estão juntos. A análise sociológica perde informações relevantes quando não incorpora a contrafação do humano que se tornou componente integrante da trama de relações reais e imaginárias que confundem e dirigem o homem urbano e suas decisões. Nós, no aberto da rua e do anonimato que lhe é próprio, somos conduzidos por impressões e por esses marcos da ficção social. É com esses seres da impressão de rua que povoamos a cena imaginária de nossas conversações silenciosas e de nossos relacionamentos imaginários enquanto nos movemos. Mas também em cenários mais estáveis e institucionalizados, como a casa, o local de trabalho, os pontos de encontro de nossa sociabilidade fragmentada. Nós os levamos conosco. Nós não os conhecemos realmente. Nós apenas os vemos e interpretamos vagamente.

Caminhando por uma calçada, em Lisboa, vi o vulto de um homem sentado num ponto de ônibus, ocultado por um vidro granulado, que em lugares de invernos definidos servem para proteger quem ali se abriga contra o eventual vento frio. Eu não o vi, não vi seu rosto, não vi como estava vestido, não vi os indícios de sua condição social e de seus sentimentos.

Vi-o como um borrão e nesse borrão vi-me como transeunte, como ser adjetivo e provisório, como ser que vê, mas não enxerga, como alguém que passa. O enxergar e ver pressupõem a possibilidade social da demora, do tempo próprio de uma relação social, que é diverso do átimo e do instante, qualidades próprias do ato fotográfico. A partir do lugar obrigatório de passagem dos transeuntes, fotografei-o através do vidro [*Figura 6*], vulto tênue, diluído, mera impressão de uma presença humana. O vidro granulado, de certo modo, saturou a imagem, de cor tendente ao pastel, acentuava e dava visibilidade interpretativa ao propriamente dramático do que estava fotografando. Ele estava sentado, mas parecia impaciente e angustiado, no meio gesto de levantar-se para embarcar tão logo o ônibus chegasse, sobretudo na cabeça virada para a esquerda, para o lugar de onde viria o ônibus esperado. Aquele homem é apenas uma impotente figura humana proposta pela mediação do vidro granulado que dele nos separa justamente a partir da deformação da imagem que dela resulta. E da impressão que propõe do usuário do ônibus como um borrão de incertezas entre o ficar e o partir, sentar e levantar, uma expressão visual da rua como lugar de trânsito e transição.

Aquela não é uma imagem precisa, definida, convencionalmente fotográfica. Mas é uma imagem constitutiva do urbano de uma humanidade sem vínculos afetivos e comunitários, da sociabilidade urbana de pressas, silêncios, solidões e impressões. O vidro faz dela uma imagem impressionista e minha fotografia se torna inevitavelmente impressionista, também ela. Portanto, se a oportunidade me dá a imagem saturada ou se uso o recurso de saturar as cores da imagem, o que é apenas rotineiro, banal e repetitivo, como gesto e como imagem, sem sentido nem conteúdo, ganha uma força dramática nos contrastes que compensam a diluição operada pelo vidro granulado e dá intensidade e apropriada visibilidade à impaciência daquela pessoa.

No corpo impaciente está o mal-estar que resulta da subjugação de cada um a regras, ritmos, esperas e deslocamentos que fazem dele um ser inanimado, movido pela coisa que o serve. É nessa tensão da imagem que está a informação propriamente sociológica porque nela o homem se destaca do borrão urbano em que a sociedade dos espelhos e das sombras o converte a cada instante. Ele é, justamente, o oposto da personagem da sociedade do espetáculo. Nesse destacar-se, a saturação da sua figura enfatiza-a como indício do mal-estar da modernidade e retrato fragmentário de um todo que se propõe, todo o tempo, indiretamente, no reflexo, na sombra, nos contrastes, na silhueta deformada das interposições que nos conformam e dirigem. E não se realiza.

Minha tendência, portanto, é a de, numa primeira interpretação, ver na composição fotográfica, profissional ou popular, a presença de conteúdos impressionistas essenciais à interpretação sociológica da fotografia, como documento que é de um imaginário que não pode ser tratado como desprovido de intenções estéticas e de linguagens não documentais. Nesse sentido, a fotografia documental acaba sendo uma fantasia cartesiana pobre sobre imagem e imaginário. O que, de fato, ela documenta? Que Sociologia pode ser feita com base na redução fotográfica?

A polissemia da fotografia não decorre apenas das múltiplas leituras que dela possam ser feitas. O próprio objeto tem uma carga de sobre-significados que a intenção documental do fotógrafo pode anular ou mutilar. Um certo direcionismo fotográfico, tanto em relação à escolha do tema quanto em relação ao ângulo, à composição e outros recursos fotográficos empregados na concepção da imagem, é inevitável. Mesmo o sociólogo ou antropólogo que documenta fotograficamente, e faz da fotografia o seu instrumento de pesquisa e registro, quando define com objetividade a documentação, cria imagens de ficção, o senso comum e a ficção que podem ficar subjacentes a diferentes momentos e procedimentos das ciências.

A própria realidade fotografada, pessoas ou situações, já é em si mesma um cenário teatral e polissêmico, desde os equipamentos de identificação que as pessoas usam até os arranjos de cenários e paisagens que vão compor a fotografia. Nestas duas fotos que fiz em Cambridge, em 2006, temos evidências do duplo que o próprio tema pode conter. O reflexo da ponte do Clare College sobre o rio Cam [*Figura 7*] é parte intencional da arquitetura da própria ponte, do século XVII. A parte construída em pedra tem sua contraparte no reflexo nas águas do rio. Seu arquiteto e construtor entrou mesmo em conflito com o College quanto ao pagamento que deveria receber e deformou, intencionalmente, e como vingança, um dos adornos de pedra da obra. Mutilou a forma perfeita, como um golpe no olhar de quem via o conjunto cênico de que a ponte era parte, justamente numa das faces voltadas para o rio, sujeita às multiplicações do reflexo.

O reflexo, para um autor assim, é parte da própria obra, o que os jardineiros dos séculos seguintes compreenderam e desenvolveram com a vegetação de beira-rio que completa a imagem da obra de um modo claramente impressionista. A ponte não foi feita unicamente para que *"fellows"* e estudantes passassem, mas para que por ela passassem ou a contemplassem com prazer visual e estético. Uma fotografia que, se limitada às pedras e às formas da obra, deixaria de lado parte importante do imaginário original, no que foi uma era de rebuscamentos, e das funções que a ponte desempenha até hoje tanto na vida cotidiana quanto na vida do espírito da peculiar população da localidade.

A outra foto [*Figura 8*], também feita em Cambridge em 2006, é a de pequena praça muito popular no centro da cidade, na Trinity Street, quase em frente ao portão do Trinity College, que foi o College de Sir Isaac Newton. Ali fora outrora um cemitério, e lápides funerárias dos séculos XVIII e XIX ainda são vistas por lá. Nela o lugar do reflexo que há no rio é ocupado pelas sombras das árvores num duplo evidente que amplia o espaço restrito, quase como se fosse uma paisagem aberta. Nos dois lugares, as pessoas não sucumbem ao cotidiano e a suas simplificações, embora possam estar mergulhadas numa rotina tão repetitiva quanto a de qualquer outro lugar. Ali o cotidiano é continuamente "decantado" por essas referências situacionais, extracotidianas e artísticas, e é invadido por intenso prazer estético. Seguramente, é esse um dos fatores que fazem de Cambridge uma cidade de longevos com alta qualidade de vida, marcada por uma sociabilidade, mesmo de rua, que anula a demarcação rítmica da vida cotidiana e secundariza o propriamente repetitivo.

Há ali uma mediação imaginária e estética intencional que decodifica esse cotidiano situado. Portanto, ali o modo de fotografar pede menos atenção a paredes, portas e monumentos e mais atenção a uma composição que de algum modo já está proposta naquilo que se fotografa. Ali, documentar sociologicamente e antropologicamente pessoas, transeuntes, ritos, relações, situações, passa pelo reconhecimento prévio dessa mediação. O real mesmo já se propõe na suave combinação do que permanece e do que muda ao longo do dia, de conformidade com a luz, a ponte e seu reflexo, as árvores e suas sombras, o palpável e o fantasioso. As pessoas e suas relações sociais, nesse cenário, mergulham cotidianamente num anticotidiano estético que lhes acrescenta preciosas conquistas da condição humana. O mero transitar pelas ruas da localidade ganha uma leveza imaterial que faz de cada uma delas personagem de uma obra de arte, cada uma destituída para si e para os outros da material vulgaridade do viver para revestir-se das determinações do espírito e da história.

Contraponho a essas uma foto que fiz, no mesmo ano de 2006, no Largo de São Francisco, em São Paulo [*Figura 9*]. Lugar emblemático da história paulistana, há nele, como em outros lugares da cidade, uma desordem visual evidente, um uso sem clareza dos ornamentos. A Tribuna Livre, com o símbolo da Justiça, e a escultura "O beijo", de Zadig, parecem apenas depositados na calçada. Misturam-se aos pedestres, com outras esculturas e o próprio prédio da escola, sem qualquer ordenamento que sugira o sobre-significado de uma intenção estética e urbana. No fim das contas, como se os próprios humanos não tivessem vida na mediação coisificante das expressões do espírito, nessa banalização reduzidas a meras coisas.

São Paulo é uma cidade desarmônica e dodecafônica, uma colagem de tempos e situações sociais, de desencontros mais do que de encontros. Parece que os elementos do cenário conflitam entre si, não só na indiferença do casal apaixonado da escultura, mas também na sem-cerimônia do "morador" de rua que dorme a sono solto, em pleno dia, ao pé dos símbolos desconectados. Ele acaba sendo, portanto, o decodificador do cenário urbano e acaba sendo quem propõe a leitura do que é mais uma junção de elementos do que uma composição.

A foto feita em 2007, na favela de São Remo [*Figura 10*], no Butantã, documenta o extremo desse urbanismo e dessa cultura urbana da colagem. Ali se juntam a igreja pentecostal, o casario informe e disforme, o bar, a propaganda política e a antena parabólica, recíprocos decodificadores que estão longe de propor qualquer ordem estética e supracotidiana. Propõem, justamente, que o fotógrafo deve estar atento a essa diversidade desencontrada para fazer uma foto que tenha sua própria ordem visual. E que constitua, ao mesmo tempo, um documento sociológico da desordem aparente e da completa falta de conexão de sentido entre os vários componentes daquilo que encontra unidade e significação unicamente na própria fotografia. Nela, o cotidiano se impõe como poderosa moldura do não-cotidiano: a igrejinha que expõe timidamente a sua diferença como lugar do sagrado nas janelas em arco e nas paredes rebocadas e pintadas de azul; e a política que se expõe no contraste do cartaz que sobrevive como adorno de uma sociedade sem adornos, mesmo já passadas, há muito, as eleições. Aí o fotógrafo não tem como captar a ordem que dá sentido ao que visualiza, mas deve antes captar os decodificadores da desordem e dos desencontros. Aonde quer que vá, encontrará elementos de decodificação de um espírito atormentado pelas contradições visuais e que não se plasma plenamente em nenhum canto.

Essa visualidade se repete nesta outra fotografia feita na favela do Jaguaré [*Figura 11*]. O imenso anúncio do refrigerante Coca-Cola disputa o alto do morro com os barracos dos moradores, como se a peça de publicidade e as moradias improvisadas tentassem expulsar-se reciprocamente. Como se ambas não se determinassem também reciprocamente e não fossem, na substância das contradições sociais que exprimem, uma só realidade e um só movimento. Ao pé da foto, a placa de "Vende-se um fogão" suprime qualquer dúvida nesse contraste visual ao mostrar o implante do discurso mercantil no âmago mesmo da miséria evidente. Do mesmo modo que a vida e a infância ali se desenrolam na criança quase imperceptível, que brinca, como esquecimento e adjetivo, como equivalente vivo dos restos de madeira e de papelão catados por aí para erguer os precários abrigos dos sem-destino.

Dois mundos que colidem em vários outros âmbitos: o mundo do consumismo emblemático e o mundo que se consome na miséria dos excluídos e residuais das promessas da sociedade de consumo. É nesses confrontos de significados e significantes que se propõe a dimensão propriamente sociológica da fotografia como documento.

Se as fotos de Cambridge documentam uma sociedade de suaves transições entre a coisa e a sobrecoisa, em que o prosaico mundo do dia-a-dia não se propõe nem pode ser visto sem a mediação decodificadora das criações do espírito, as de São Paulo nos falam de uniformidades rudes, de sobre-significados ocultados ou dissimulados, e transições bruscas nos contrastes violentos entre a coisa e a sobrecoisa. Mesmo na monumentalidade e na beleza residuais de São Paulo, é notória a subalternidade do espírito, mera nota de rodapé que está muito longe de dar uma alma à cidade e definir uma identidade assumida e compartilhada.

Faço, propositalmente, o confronto entre cidades opostas, em todos os sentidos, porque nelas posso encontrar evidências de um contínuo de visualidades entre extremos que se abre diante do fotógrafo como um complexo de desafios quanto ao conteúdo e ao significado do que é fotografado. O lugar da fotografia na Sociologia Visual e na Antropologia Visual depende da compreensão prévia, por parte do fotógrafo, do código de visualidade que está diante dele no ato de fotografar e que não é o mesmo em diferentes lugares e nem mesmo em diferentes momentos. Mesmo quando os temas coincidem, em sociedades completamente diferentes entre si, o teor sociológico da fotografia depende de leituras matizadas e até opostas.

Desse modo, a fotografia diz menos do que os estudiosos da Sociologia Visual e da Antropologia Visual gostariam que dissesse. Embora possa dizer mais se o pesquisador conseguir decompor os significados de detalhes, contidos em toda fotografia, que a desconstroem para que possa ser lida.

As fotografias constituem, no fundo, imagens de uma realidade social cuja compreensão depende de informações que não estão nelas expressamente contidas, para que aquilo que contêm possa ser compreendido de maneira apropriada e para que o conjunto da foto possa dizer alguma coisa sociológica e antropologicamente. É na tensão entre o *punctum*, como ponto de impacto visual, e a coadjuvação dos componentes complementares da imagem, residuais e imprecisos, que se pode fazer a leitura não só da imagem, mas do imaginado que a situa e define.

O reflexo e a sombra querem dizer muitas e diferentes coisas na leitura sociológica e antropológica da fotografia. Até porque o reflexo e a sombra podem ser bem mais do que a literal definição de reflexo e sombra. Nas atitudes e posturas das pessoas, em diferentes cenários, o reflexo pode estar na conduta e na encenação que reflete os circunstantes e a circunstância. E a sombra pode estar no sombrio que é sua variante. Podem ser a pessoa que tira dinheiro de um caixa eletrônico enquanto um músico toca seu saxofone na rua, o que nos diz o que é propriamente a rua na sociedade moderna. A fotografia pode mostrar a diferença de valores, concepções e regras que regulam a mesma atividade em diferentes sociedades no especular do que é fotografado, a sociedade invisível como tal que se manifesta nos modos como as pessoas se apresentam e se relacionam, sobretudo em público.

Posso facilmente ver as diferenças que distanciam a sociedade inglesa e a sociedade brasileira simplesmente comparando duas fotografias de pregadores evangélicos na rua. O calmo e ordenado proselitismo de membros do Exército da Salvação numa calçada de Cambridge [*Figura 12*] em confronto com o agitado pregador evangélico na Praça da Sé, em São Paulo [*Figura 13*]. A branda apresentação do pregador e da banda em Cambridge documenta uma religiosidade do diálogo, do convite à reflexão religiosa, numa sociedade que acolheu as diferenças e que com elas convive. É claramente expressão de um ajustamento às possibilidades da rua e do mundo moderno. Já no movimento do corpo e na expressão do rosto do solitário pregador de rua de São Paulo, há veemência, exorcismo e intolerância em relação à diferença religiosa e à individualidade. É muito mais a negação do mundo moderno e daquilo que a própria rua significa nesse mundo, sobretudo numa sociedade como esta, dominada pela contradição que há entre a enorme diversidade social e a enorme e visível dificuldade para nela se conviver com o diferente e a diferença.

No entanto, a fotografia em si, enquanto coisa material, mais do que imagem, não só pode dizer pouco como documento da Sociologia e da Antropologia como pode enganar e muito. Se tratada como imagem, isto é, expressão e documento do imaginário que há nos modos de ver, a fotografia pode se tornar um documento auxiliar das ciências sociais, capaz até mesmo de renová-las nos desafios teóricos que seu advento e seu uso social propõem. A ideologia documentalista que assedia tanto a Antropologia Visual quanto a Sociologia Visual, porém, deforma e empobrece o que a fotografia pode dizer ao cientista social. Justamente por isso, a legitimidade dessas duas disciplinas especiais e subsidiárias do respectivo campo científico, a Sociologia e a Antropologia, depende do reconhecimento da imagem fotográfica como documento do imaginário social, e não preponderantemente como documento da factualidade social. Sociólogos e antropólogos precisam de muito mais do que uma foto para compreender o que uma foto contém.

Anexo

Imagens da "Introdução"

Fig. 1: August Sander, "Jovens camponeses" (1914)

176 SOCIOLOGIA DA FOTOGRAFIA E DA IMAGEM

Imagens do Capítulo 1
"A fotografia e a vida cotidiana: ocultações e revelações"

Fig. 1: Fotograma de *Blow-Up*, de Michelangelo Antonioni (1)

Fig. 2: Fotograma de *Blow-Up*, de Michelangelo Antonioni (2)

ANEXO 177

Fig. 3: Fotograma de *Blow-Up*, de Michelangelo Antonioni (3)

Fig. 4: Fotograma de *Blow-Up*, de Michelangelo Antonioni (4)

Fig. 5: Lewis Carroll, "The beggar maid"

Fig. 6: Lewis Carrol, "Alice Liddel dressed in her best outfit"

Imagens do Capítulo 2
"A imagem incomum: a fotografia dos atos de fé no Brasil"

Fig. 1: Antonio Saggese, Pirapora do Bom Jesus – SP (1992)

Fig. 2: Antonio Saggese, Aparecida do Norte – SP (1992)

182 SOCIOLOGIA DA FOTOGRAFIA E DA IMAGEM

Fig. 3: Christian Cravo, Bom Jesus da Lapa – BA (1998)

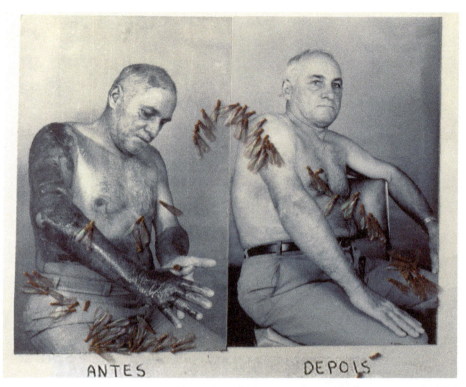

Fig. 4: Antonio Saggese, Aparecida do Norte – SP (1992)

Fig. 5: Antonio Saggese, Congonhas do Campo – MG (1992)

Fig 6: José Bassit, "Festa do Santuário", Bom Jesus da Lapa – BA (2000)

Fig. 7: José Bassit, "Ex-votos", Canindé – CE (2000)

Fig 8: José Bassit, Canindé – CE (2000)

Fig. 9: José Bassit, "Procissão", Juazeiro do Norte – CE (2000)

Fig. 10: José Bassit, Juazeiro do Norte – BA (2000)

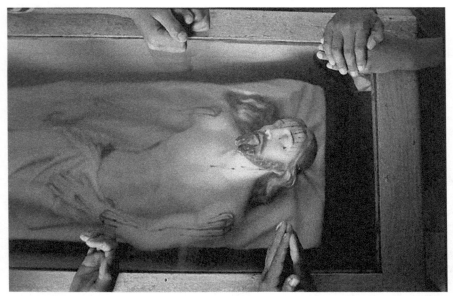

Fig. 11: Christian Cravo, "Índios Kiriri rezando", Mirandela – BA (1993)

Fig. 12: Christian Cravo, Juazeiro do Norte – CE (2000)

Fig. 13: Christian Cravo, São Francisco de Canindé – CE (1999)

Fig 14: Christian Cravo, Bom Jesus da Lapa – BA (2000)

ANEXO 191

Fig. 15: Tiago Santana, Juazeiro do Norte – CE (1993)

Fig. 16: Tiago Santana, Juazeiro do Norte (1995)

ANEXO 193

Fig. 17: Adenor Gondin, Cachoeira – BA (1998)

194   SOCIOLOGIA DA FOTOGRAFIA E DA IMAGEM

Imagens do Capítulo 5
"Mestre Vitalino: a arte popular no imaginário conformista"

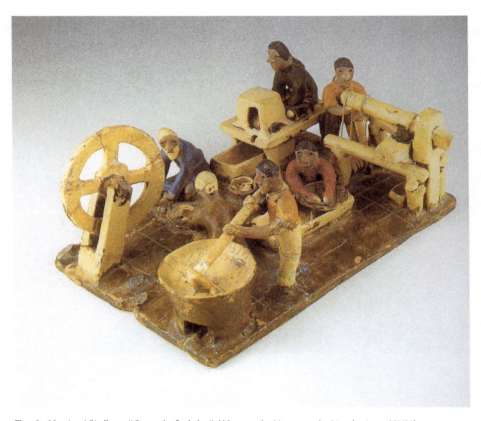

Fig. 1: Mestre Vitalino, "Casa de farinha" (Museu do Homem do Nordeste – MHN)

ANEXO 195

Fig. 2: Mestre Vitalino, "Vaquejada" (MHN)

196 SOCIOLOGIA DA FOTOGRAFIA E DA IMAGEM

Fig. 3: Mestre Vitalino, "Lampião" e "Maria Bonita" (MHN)

ANEXO 197

Fig. 4: Mestre Vitalino, "Médicos e paciente" (MHN)

Fig. 5: Mestre Vitalino, "Boi" (MHN)

Imagens do Capítulo 6
"O impressionismo na fotografia e a Sociologia da imagem"

Fig. 1: J. S. Martins, "Impressão matutina da Ponte de Pirapora" (2000)

ANEXO 199

Fig. 2 : Claude Monet, "Impressão do nascer do sol" (1872)

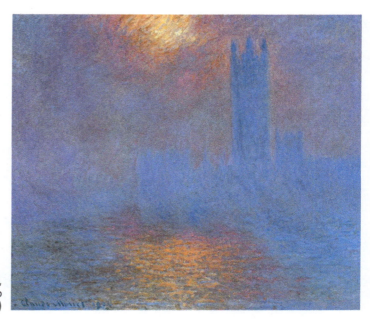

Fig. 3: Claude Monet, "O Parlamento no pôr-do-sol" (1904)

Fig. 4: J. N. Niépce, "Vista da janela em Le Gras" (1826)

Fig. 5: J. S. Martins, "Pirapora" (2000)

ANEXO 201

Fig. 6: J. S. Martins, "Impaciente espera" (2000)

Fig. 7: J. S. Martins, "Ponte de Clare College" (2006)

Fig. 8: J. S. Martins, "Sombras ornamentais" (2006)

Fig. 9: J. S. Martins, "Entre o amor e a Justiça" (2006)

Fig. 10: J. S. Martins, "Entre a fé e o poder" (2007)

ANEXO 205

Fig. 11: J. S. Martins, "A pausa que refresca" (2000)

Fig. 12: J. S. Martins, "Exército da Salvação" (2005)

Fig. 13: J. S. Martins, "O pregador" (1998)

O autor

José de Souza Martins

É um dos mais importantes cientistas sociais do Brasil. Professor titular de Sociologia da Faculdade de Filosofia, Letras e Ciências Humanas da Universidade de São Paulo (FFLCH – USP), foi eleito *fellow* de Trinity Hall e professor da Cátedra Simon Bolívar da Universidade de Cambridge (1993-1994). É mestre e doutor em Sociologia pela USP. Foi professor visitante na Universidade da Flórida (1983) e na Universidade de Lisboa (2000). Autor de diversos livros de destaque, ganhou o prêmio Jabuti de Ciências Humanas em 1993 – com a obra *Subúrbio* – e em 1994 – com *A chegada do estranho*. Recebeu o prêmio Érico Vannucci Mendes do Conselho Nacional de Desenvolvimento Científico e Tecnológico (CNPq) em 1993 pelo conjunto de sua obra e o prêmio Florestan Fernandes da Sociedade Brasileira de Sociologia em 2007. Pela Contexto, publicou o livro *A sociabilidade do homem simples*.